KB271404

RE-BOOT
YOURSELF

네 인생을 재부팅하라

김영진 지음

청림출판

네 인생을 재부팅하라

1판 1쇄 발행 | 2001년 4월 10일
1판 2쇄 발행 | 2002년 10월 5일

지은이 | 김영진
발행인 | 고영수
발행처 | 청림출판
등 록 | 제9-83호(1973. 10. 8)
주 소 | 135-816 서울시 강남구 논현동 63번지
전 화 | (02) 546-4341
팩 스 | (02) 546-8053

http://www.chungrim.com
e-mail:cr3@chungrim.com

ISBN 89-352-0441-2   03320

자신의 숨겨진 가능성을 찾아서

따라갈 수 없을 만큼 빠르게 변하는 것이 요즘 우리 사회이다.

흐름이 너무 빨라 중심을 어디에 두어야 할지 도무지 알 수 없게 느껴지고, 그런 변화에 적응하며 앞서가거나 따라가는 사람들이 무척 현명해 보이기도 한다.

기업들은 실적으로 사람을 평가하고, 개인들은 조직 내 자신의 역할이나 비중 때문에 정신적 갈등을 겪기도 한다.

'나는 사회 기준에 미달되는 사람이구나' 하고 느끼는 순간부터 지금까지 살아온 성실한 날들에 대한 덧없음과 허탈한 삶의 모습과 마주하게 된다.

요동치며 변화를 거듭하는 사회가 발전하는 사회라고 단정하기는 어렵다. 그러나 언제부터인가 우리는 그러한 변화를 중요시하게 되었고, 또 함께 변화하기 위해 부단히 애를 쓰고 있다.

평균적 상식을 가진 사람으로서 뒤떨어지지 않고 살아가기 위해 아침에 무언가를 배우고, 저녁에는 또 다른 자기계발을 해야만 하는 시대가 되었다.

그러면 이렇게 숨가쁘게 자신을 변화시키고 갈고 닦아야만 이 시대를 제대로 살 수 있는 것일까?

역사 속의 성공한 인물들이 살았던 시대를 보면 요즘 못지않게 환경적으로나 인간적으로 숱한 도전을 이겨내야만 했다. 지금 우리와 같은 시대를 사는 많은 성공한 사람들의 경우도 그와 비슷하다. 그러나 이들이 한결같이 재빠르게 시대 흐름을 따르고 변화를 주도했던 것은 결코 아니다. 오히려 인류가 몇만 년을 통해 축적해온 지혜와 도덕을 원칙에 맞게 실천한 사람들이 훨씬 많았음을 알 수 있다.

이웃을 사랑하고, 친구와 의리를 지키고, 삶을 긍정적으로 바라보고, 역경을 지혜롭게 이겨내는 것 등, 이루 다 헤아릴 수 없을 정도로 인생에는 소중한 것들이 많다.

빠르고 혼란스러운 변화를 위해 무리한 시도를 하기보다, 자신의 아름답고 순수한 본성을 지키며 숨겨진 가능성을 차분히 성찰해봄은 어떨까!

영어에 신발을 신는다는 뜻을 가진 'BOOT' 라는 말이 있다. 영문 제목을 'RE-BOOT YOURSELF' 라고 한 것은 신발을 새롭게 고쳐 신으라는 뜻에서이다.

'익숙하지만 낡은 신발을 자신의 아름다운 본성에 맞추어 오직 자신만의 새로운 것으로 바꾸어 신으라' 는 뜻이다.

53편의 짤막한 이야기들을 통해 흩어진 자신의 마음을 추스리고 스스로가 가장 잘할 수 있는 일들이 무엇인지를 깨닫게 된다면 이 책은 더 없는 의의를 갖게 될 것이다.

2001년 봄
저 자

1 먼저 자신을 파악하라

2 스스로를 변화시키고 창의성을 키워라

contents

3 후회 없는 삶을 살아라

4 희망으로 승부하라

5 원하는 것을 얻을 때까지 인내하라

1 먼저 자신을 파악하라

풋내기 마이클 조던의 결심

장애와 콤플렉스에 정면으로 대결하라

마이클 조던이 처음으로 NBA에 입단했을 때 그는 풋내기에 지나지 않았다. 그 때만 해도 그는 수많은 관중들로 꽉 찬 경기장의 열기와 환호에 질려 다리가 후들거릴 지경이었다. 사람들은 모두 매직 존슨과 래리 버드만을 응원했고 그들은 자신의 성공을 자랑이라도 하듯 화려한 고급 승용차를 몰고 번쩍이는 보석과 값비싼 옷을 걸치고 다녔다.

그런 속에서 조던은 한없이 위축되었다. 그는 성공에 대한 관심보다 백인들이 흑인인 자기를 얕볼까봐 겁이 났다. 그런 공포심 때문에 조던은 다른 선수들처럼 외모를 치장하고 사치스런 생활로 나날을 보냈다. 그리고 으레 그렇게 해야 하는 줄 알았다. 그러나 아무리 해도 백인들이 선천적으로 가지고 있는 자신 만만한 태도와 여유만은 흉내낼 수 없었다.

그는 고민하기 시작했다. 이런 모습이 과연 내가 바라던 성공인가? 마침내 조던은 공들여 기른 머리를 밀어버렸다. 그리고 이제까지 해오던 우스운 짓들을 그만두고 오로지 자신의 노력만을 믿기로 마음먹었다. 자신의 핸디캡을 극복할 수 있는 길은 오로지 그것을 인정하고 노력하는 것뿐임을 깨달았던 것이다.

그 때부터 그는 '나는 흑인이다. 그러나 부끄럽지 않다' 는 생각을 주문처럼 뇌까리며 열심히 연습에 임했다. 땀에 젖은 몸으로 코트를 달리면서 비로소 조던은 그 동안 자신을 짓눌렀던 콤플렉스로부터 해방감과 자유를 느낄 수 있었다. 경기가 없는 날도 그는 혼자서 꾸준히 연습만 했다. 그러다보니 어느 날부터인가 조던은 NBA의 살아 있는 신화가 되어 있었다.

많은 사람들이 성공적인 삶을 갈망하지만 그들 중 대부분이 자신의 불우한 처지를 장애 요인으로 여긴다. 그러한 사람들에게 마이클 조던의 이야기는 문제 해결의 실마리를 적절히 제시한 예라고 할 수 있다. 조던의 경우를 보더라도 성공하는 삶에는 불우한 처지나 환경이 결정적인 장애 요인이 될 수 없다. 그 모든 장애와 콤플렉스를 인정하고 정면 대결하여 극복하는 자만이, 목표를 가지고 그것을 성취하기 위해 매진하는 자만이 성공을 거둘 수 있다.

일 주일에 몇 번씩이나 목욕탕에 가는 어떤 사람이 있었다. 아무리 몸을 깨끗이 하는 것도 좋지만 지나치다 싶어서 그의 친구가 뒤를 따라가 보았다.

그랬더니 친구는 탈의실에서 옷도 벗지 않은 채 목욕탕으로 직행하는 것이었다. 어쩌나 보려고 계속해서 따라갔는데 이번에는 더욱 놀랍게도 옷을 입은 채 욕조엘 들어갔다. 하도 어이가 없어서 친구가 물었다.

"어떻게 된 거야. 목욕을 한다면서 옷을 입은 채로 들어가면 어떻게 해."

그러자 그의 대답이 걸작이었다. 얼굴을 붉히면서 그가 말했다.

"으응, 옷을 벗으면 때가 보이잖아."

○RE-BOOT YOURSELF

따지고 보면 심리적 장애 요인이란 것도 때가 드러날까봐 옷을 벗지 못하는 것과 마찬가지이다. 마음을 감추고 있는 겹겹의 옷을 벗지 않고 진정한 자신의 모습을 찾으려 한다면 오히려 전보다 더한 갈등만 안팎으로 증폭될 뿐이다.

자신을 드러내기 위해서는 먼저 자신을 인정해야 한다. 그리고 자신의 결점을 극복하려면 그에 상응하는 값진 목표를 세우는 것이 매우 중요하다.

마이클 조던도 농구라는 목적이 없었다면 성공을 위해 노력하겠다는 다짐이 일시적 결심에 그쳤을지 모른다. 결점을 감추기 위해서 겉으로 드러나는 부분만 화려하게 치장한다거나 자신의 장점만을 과시한다면 그것은 오히려 결점이 더 크게 드러나게 하는 결과를 가져온다. 그래서는 심리적 장애의 극복은커녕 저급한 자기 도취에 빠지는 데 그치고 말 것이다.

촌뜨기와 박찬호

수용할 것과 지켜야 할 것을 아는 지혜

한 무명의 수영 선수가 있었다. 그는 수영에는 남다른 재능이 있었지만 남들처럼 과학적이고 체계적인 훈련을 받지는 못했다. 하지만 자기 방식대로 열심히 연습한 결과 그 실력을 인정받아 드디어 국제 대회까지 참석하게 되었다.

대회 첫날 그는 자기가 평소에 하던 대로 준비운동을 하고 있었다. 그것을 지켜보던 다른 나라의 내로라 하는 선수들은 그를 은근히 비웃었다. 그의 준비운동은 영락없는 촌뜨기의 그것이었기 때문이다. 드디어 시합이 시작되었고 순위가 결정되었다. 놀랍게도 일등은 그 촌뜨기였다.

그 다음 시합 때 재미있는 일이 일어났다. 다른 나라 선수들이 그가 하는 준비운동을 은근히 따라하는 것이었다. 더욱 재미있는 것은 그 대회 이후 그의 준비운동이 꽤 권위 있는 준비운동으로 받아들여져 여러 수영 선수들에게 보급되기까지 한 것이다.

그 촌뜨기 선수는 바로 아시아의 물개로 알려진 조오련 선수이다.

그는 자신의 스타일을 갖고 그것을 고집할 줄 아는 사람이었다. 대개의 경우 다른 사람들이 자신의 스타일을 탐탁치 않게 생각하면 눈치를 보게 되고, 쉽게 자신의 것을 포기하고 일반적인 흐름을 따르려 한다. 그러나 조오련은 다른 사람의 생각에 좌우되지 않고 자기 것을 지켜냄으로써 오히려 다른 나라의 선수들로 하여금 그가 하는 준비운동을 따라하게까지 만들었던 것이다.

한국 사람이라면 누구나 야구의 본고장인 미국의 메이저리그에서 놀라운 피칭으로 우리 나라의 자긍심을 높여주고 있는 박찬호 선수에게 찬사를 보낼 것이다. 그를 좋아하는 이유는 우리 나라 사람으로는 최초로 미국의 메이저리그에 들어가 당당히 좋은 성적을 거두고 있기 때문이기도 하지만, 더 큰 이유는 그가 메이저리그에서 오늘날과 같은 성적을 거두기까지 숱한 어려움을 이겨냈기 때문일 것이다. 내가 그를 좋아하는 이유는 그것 이외에 또 한 가지가 있다. 그것은 박찬호 선수가 미국의 프로 야구 세계에서 뚜렷한 자기 개성을 갖고 있다는 점이다.

박찬호 선수가 마이너리그에 있을 때 경기가 끝난 뒤 샤워실에서 샤워를 하던 도중에 옆에 있던 동료의 등을 밀어준 것이 화제가 된 적이 있다. 또한 경기가 시작되어 마운드에 들어설 때마다 박찬호 선수가 모자를 벗어 심판에게 먼저 인사를 하는 것도 이전의 메이저리그에서는 볼 수 없었던 풍경이라고 한다. 처음에는 주위에서 의아하게 여기고 심판에게 잘 보이려는 얄팍한 수작이라는 등 오해의 소리도 없지 않았으나 점점 그의 태도와 심성에 감동하여 하나의 모범으로 자리잡은 듯하다.

서로 다른 문화에서 비롯된 오해와 불신 때문에 팀의 동료들과 화합하기 어려운 점도 있었지만 그는 그 문화적 차이를 극복하기 위해 그들의 문화에 동화된 것이 아니라, 스스로의 개성을 살리면서 수용할 것을 수용하고 지킬 것을 지키며 그들과 조화를 이루어냈던 것이다.

개성의 의미를 확대해서 생각하면, 한나라의 민족적 특성이란 곧 그 나라의 개성이라고 할 수 있다. 그런 의미에서 박찬호 선수는 우리의 민족성을 색깔 있고 품위 있는 한국인만의 개성으로 미국 사회에 새롭게 심어놓은 셈이다.

◯ RE-BOOT YOURSELF

사회 전반의 분위기가 아무런 특색이 없는 평범함보다는 자기 색깔이 분명하면서 톡톡 튀는 듯한 개성을 환영하고 권장하는 것으로 변화하기 시작하고 있다.

하지만 개성이라는 것은 원래 그 하나만으로는 아무런 의미가 없다. 전체 속에 조화되면서도 다른 것에 의해 바뀔 수 없는 독자적인 의미를 지닐 때 비로소 그 진가가 발휘된다. 개개의 측

면에 있어서의 개인차가 아니라 어느 개인을 다른 개인으로부터 구별시키는 것과 같은 전체로서의 특징이 바로 개성이다. 그런 맥락에서 개성의 진정한 의미는 단지 외형적인 것에 국한되지 않음을 상기해야 한다.

만화가와 청소부

무엇을 하든 최고가 되어라

미국 국민에게 지금까지도 가장 사랑받는 대통령의 한 사람인 존 F. 케네디와 그의 아들에 관한 일화이다.

어느 날 케네디는 그의 아들에게 장래에 무엇이 되고 싶으냐고 물어보았다. 그의 아들은 선뜻,

"저는 청소부가 되고 싶어요."라고 대답했다.

아들의 장래 희망을 듣고 케네디는 잠시 생각하더니 이렇게 말해주었다.

"애야, 그렇다면 반드시 최고의 청소부가 되거라."

대통령의 아들이 수십 억의 비자금을 은닉하여 구속되는 사건이

일어나는 우리의 현실을 상기시키고자 이 이야기를 꺼낸 것은 아니다. 이 일화에서 볼 수 있는 그들의 직업관을 말하기 위함이다.

청문회를 통해 대통령의 아들이라는 위치 때문에 거의 모든 만남을 호텔에서 가졌다는 대통령 아들의 증언과 그 증언을 어느 정도 용인하며 바라보는 우리 국민의 의식의 차이를 말하고자 하는 것이다. 이것은 또한 대통령의 아들이 미국을 방문하여 컴퓨터 관련 대기업 회장과의 만남에서 직업이 무엇이냐는 질문에 아무런 대답을 하지 못했다는 웃지 못할 일화를 상기시키기도 한다.

잘못된 풍조로 인해 우리 나라 사람들은 직업을 선택함에 있어 자신이 진정 원하는 것보다는 사회적으로 위신이 서는 쪽을 우선적으로 선택하는 경우가 많다. 이러한 직업관 때문에 소수 유망 직종에 인력이 편중되고 있으며, 거기서 제외된 사람들의 패배 의식으로 말미암아 사회적 위화감이 조성되어 많은 문제가 야기되고 있다. 올바른 직업관이 얼마나 중요한 것인가는 다음의 일화가 말해준다.

일본 만화의 아버지이자, 동양의 월트 디즈니라고 불리는 데즈카 오사무. 그가 그린 만화 〈우주 소년 아톰〉, 〈밀림의 왕자 레오〉, 〈사파이어 왕자〉는 일본뿐만 아니라 동남아시아와 나아가 미국, 유럽에까지 진출하여 전세계 어린이들에게 큰 영향을 끼쳤다. 특히 〈우주 소년 아톰〉은 일본 어린이들에게 과학 기술에 대한 열정을 심어줌으로써 오늘날 전자 산업 왕국 일본이 있게 했다는 평가를 받기까지 했다.

만화와 만화가가 천대받던 시절, 어려서부터 만화를 좋아했던 그는 매일 만화를 그리다가 손에 물집이 잡히는 피부병에 걸렸다. 병원에 간 데즈카는 피부병을 치료해준 의사를 본받아 의사가 되기로 결심한다. 데즈카는 어린 시절의 바람대로 오사카 대학 의학부에 들어갔고 1953년에는 국가 고시에 합격해 의사 면허를 받았다. 하지만 그 즈음에도 데즈카는 틈틈이 만화를 그렸다.

그렇게 그린 만화를 들고 여러 만화 잡지사를 돌아다닌 끝에 작품을 연재하기에 이르렀다. 그러나 갈수록 어려워지는 학교 공부 때문에 만화를 그릴 수 있는 시간이 점점 줄어들었다. 책상에 앉아 책을 뒤적이면서도 그의 시선은 자꾸만 한쪽에 놓아둔 그리다 만 만화로 향했다. 마음을 잡을 수 없었던 데즈카는 잠시 머리를 식히기 위해 고향으로 갔다. 데즈카는 어머니에게 솔직하게 의학과 만화를 둘 다 할 수 없다는 고민을 털어놓었다. 어머니는 잠자코 데즈카의 말을 듣고 나서 이렇게 물었다.

"애야, 너는 만화가 좋으냐, 의학이 좋으냐?"

"그야 만화가 더 좋습니다."

데즈카의 대답이 떨어지자마자 어머니는 단호하지만 부드러운 목소리로 말했다.

"그럼 만화가가 되거라"

그 길로 데즈카는 의학을 포기하고 만화가의 길을 걷기 시작했다. 그의 등장으로 만화를 천대하던 시대가 끝나고 오늘날 일본은 세계에서 만화를 가장 많이 읽는 나라가 되었다. 뿐만 아니라 저패니메이션이라는 신조어가 나올 정도로 일본의 만화영화가 세계 만화영화 시장의 대부분을 석권하는 단초를 마련했다.

어린이를 제외한 모든 사람들이 선입견과 금기, 유행 등의 이유로 무시해온 만화가 이제는 텔레비전처럼 친근하고 문학보다 쉽고, 미술보다 즐거우며 무엇보다 일상적인 것으로 인정을 받게 되었다. 세계적인 명문대학인 소르본에서 '만화의 역사와 미학'이라는 강의가 개설되고 만화가 '제9의 예술'로 불려지기에 이르렀다. 또한 시장 규모가 영화 산업에 육박할 정도로 확대되면서 만화 산업의 중요성은 날로 커지고 있다.

○ RE-BOOT YOURSELF

대통령의 아들이 장래 희망을 청소부라고 말한 것과 그런 아들의 장래 희망을 듣고 그것을 바꾸려 하기보다는 최고의 청소부가 되라고 격려하는 아버지의 모습은 우리에게 많은 것을 생각하게 한다. 하고 싶은 일을 하라. 그래야 행복할 수 있고 성공할 수 있으며 만족스러운 삶을 살 수 있다.

또한 사회적으로 인정받고 안정된 의사라는 직업보다도 아들이 진정 좋아하는 만화가를 선택하게 만든 한 어머니의 올바른 직업관이 오늘날의 일본 만화가 있게 만들었다면 지나친 비약일까.

제1의 거슈윈

태양이 되지 못한다면 별이 되어라

캐럴 중에서 가장 애송되고 있는 〈화이트 크리스마스〉를 작곡한 어빙 벌린은 1900년대에 미국 제1의 작곡가로 손꼽혔다. 악보조차 제대로 읽지 못하고 음악 지도를 제대로 받아본 적도 없지만 그가 작곡한 수많은 노래들은 미국 대중 음악에 지대한 영향을 끼쳤다. 그가 대중 음악가로 자리를 굳혔을 때, 한 무명 작곡가를 만나게 되었다. 그 청년은 레코드사에서 몇 푼 안 되는 월급을 받으며 근근이 작곡을 하고 있었다. 벌린은 그 청년에게서 엄청난 음악적 재능을 발견하였다.

"여보게, 자넨 뛰어난 재능을 가졌어. 혹시 내 비서가 되어 함께 일할 생각은 없나? 음악도 배우고 사람들도 많이 만날 수 있을 텐

데. 만약 뜻이 있다면 지금 자네가 받고 있는 보수의 세 배는 줄
수 있네.”

벌린의 제의는 청년에게는 큰 기회인 셈이었다. 청년은 무슨 대
답을 해야 할지 망설였다. 그런데 잠시 생각에 잠겨 있던 벌린이
다시 말했다.

“자네와 같이 일한다면 나는 좋겠지만…… 하지만 다시 생각해
보니 만약 자네가 나의 비서가 된다면 자넨 틀림없이 제2의 벌린
이 될걸세. 그런데 자네 혼자서 자네의 길을 간다면 언젠가는 제
1의 거슈윈이 될걸세. 그러니 잘 선택하게.”

거슈윈이라 불린 청년은 벌린의 말대로 곰곰이 생각한 끝에 자
신의 길을 가겠노라고 말했다. 그러자 벌린은 거슈윈의 손을 잡고
그를 격려했다.

그 후 거슈윈은 음반회사에서 광고 피아니스트로 일하며 경력을
쌓았고 브로드웨이의 몇몇 작곡가들의 관심을 끌게 되었다. 그러
는 동안 그는 화성악, 관현악법을 공부했으며 피아노 연습도 게을
리하지 않았다. 1918년 뮤지컬 〈신바드〉에 그가 작곡한 노래인
‘스와니’가 삽입되어 성공을 거둔 것을 시작으로 거슈윈의 이름은
세상에 널리 알려지게 되었다.

조지 거슈윈은 예술 음악의 기교와 형식을 대중 음악의 기법과
다양하게 접목시킴으로써 미국에서 가장 훌륭한 현대 작곡가로
발돋움하였다.

거슈윈의 재능을 아낀 벌린의 배려와 거슈윈의 자기 확신이 그
를 현대 음악의 거목이자 제1의 거슈윈으로 만든 것이다. 그가 흔

들림 없이 음악에 전념할 수 있었던 것은 벌린으로부터 재확인된 자기 재능에 대한 믿음이었을 것이다. 그것이 자칫 안일하게 남을 흉내내며 살았을지도 모를 그로 하여금 전혀 다른 삶을 살도록 만든 것이다.

자기 자신을 발견하는 것은 인생에 있어서 무엇보다도 중요한 일이다. 자신을 과소평가하거나 혹은 과대평가하여 적당히 남을 흉내내며 산 결과 인생의 목적을 그르친 사람들을 많이 보게 된다. 학업에서나 직업 선택에 있어서도 마찬가지이다. 자의든 타의든 가장 중요한 이 문제를 소홀히 하여 평생 후회하며 산다는 것은 어리석기 짝이 없는 일이다.

자신을 안다는 것은 자기의 인생 목표를 설정하는 데에도 중요하지만 그 목표에 도달하기 위하여 자신의 어떤 장점을 살리고 어떤 단점을 보완할 것인가 하는 구체적 실천을 하기 위해서도 필요하다.

이런 계획이나 실천 없이 막연하게 얻어지는 좋은 결과란 결코 존재하지 않는다. 하다못해 사람들이 점을 쳐서 운명을 결정하려는 어처구니없는 일을 하는 것은 자신을 파악하지 못한 데서 오는 불안한 심리적 배경이 그 원인이다. 더욱이 요즘은 위대하고 훌륭한 삶이 아니라 작고 소박한 가운데 후회하지 않는 만족스러운 삶을 많은 사람들이 지향하는 추세이다. 다시 말해서 개성적 삶이 더욱 인정받는 사회가 된 것이다.

◯ RE-BOOT YOURSELF

당장의 명예나 안정보다 더 중요한 것을 멀리 내다볼 수 있는 안목은 다름 아닌 자기 확신에서 비롯된다. 특히 개성적인 삶이 존중되는 현대에서는 자기 파악이 무엇보다 중요하다.

크고 높은 것을 바라기보다 자신의 위치에서 최선을 다하고 세상에서 꼭 필요한 사람이 되려는 겸손함이야말로 가장 아름다운 자기 표현이며 자기 완성이라고 할 수 있다.

행복한 사람의 속옷

진정한 성취로부터 얻는 행복

어느 나라에 모든 것이 풍족한 왕이 살고 있었다. 그러나 제아무리 권력이 강하고 가진 것이 많아도 병에 대해서는 어쩔 도리가 없었다.

방방곡곡의 용하다는 의원이 다 와서 진맥을 했지만 소용이 없었다. 그러던 중 한 현자가 와서 왕의 병은 매우 특이해서 보통 약으로는 안 되고 '행복한 사람의 속옷'을 얻어 입어야 낫는다고 말했다.

이 말을 들은 왕자는 여러 신하들을 이끌고 전국을 돌며 행복한 사람을 찾아 나섰지만, 좀처럼 행복한 사람을 찾을 수 없었다. 막상 '이 사람이다' 하고 찾아낸 사람도 한두 가지 불만은 가지고 있었기 때문이다.

몇 달을 그렇게 찾아 헤매던 왕자는 크게 낙심하여 궁궐로 발길을 돌렸다. 왕자 일행이 어느 초라한 집 앞을 지날 때였다. 그 집의 조그만 창문 안에서는 연신 행복에 겨운 웃음이 터져 나왔다.

'옳거니, 이 사람들의 속옷이라면 되겠군.'

왕자는 크게 기뻐하며 안으로 뛰어들어가 사정을 얘기하고는 속옷을 달라고 하였다. 그러자 그 주인이 자기의 윗도리를 걷어올리며 매우 난처한 표정으로 말하는 것이었다.

"왕자님, 말씀대로 우린 행복합니다만 가난해서 속옷을 입지 못했습니다."

행복의 조건은 여러 가지이다. 그 가운데에서도 사람들은 흔히 건강, 명예, 경제적 풍요, 단란한 가정, 좋은 친구, 변함 없는 사랑, 굳건한 믿음 등을 내세운다.

그러나 이러한 것은 말 그대로 단지 조건일 뿐이다. 이러한 조건이 충족된다고 해서 반드시 그 사람이 행복하다고 말할 수는 없다. 또 행복이라는 감정은 객관적인 조건에 따라 결정되는 것이 아니어서 남이 보기에는 더할 나위 없이 행복해 보이는 사람도 스스로는 불행하다고 생각할 수 있다. 행복은 자기 내부에서 비롯되는 것이지 다른 사람의 판단이나 말에 의해 만들어지는 것이 아니기 때문이다.

행복에 대한 사람들의 가장 큰 오해 가운데 하나는 행복이 즐거움과 같은 것이라고 생각하는 것이다. 하지만 즐거움이라는 감정과 행복은 서로 공통점이 별로 없다. 즐거움이란 어떤 행위를 하면서 그 가운데 경험하는 것이지만, 행복은 어떤 행위를 한 후에 경험하는 것으로서 보다 깊고 보다 지속적인 감정이다.

운동이나 놀이를 즐기거나 영화나 텔리비전을 보는 것은 재미있는 활동으로서 긴장을 풀어주고 잠시 주변의 문제들을 잊게 해주며, 웃음을 가져다줄 수도 있다. 그러나 그런 활동들이 행복을 가져다주는 것은 아니다. 그런 활동은 그것이 끝나는 동시에 즐거움의 감정도 거의 사라져버린다.

행복의 척도를 즐거움으로 가득 차고 고통이 없는 생활이라고 생각하기 때문에 오히려 참다운 행복을 얻을 수 있는 가능성이 줄어들게 된다. 즐거움과 쾌락이 곧 행복이라는 등식이 성립한다면 고통은 불행과 같은 것이어야 한다. 그러나 그것이 과연 진실일까? 오히려 행복을 가져오는 일에는 늘 약간의 고통이 따르는 것이 현실이다.

그런 까닭에 많은 사람들이 참다운 행복의 원천이 되는 노력 자체를 회피한다. 특히, 젊은 세대일수록 단지 즐거움을 좇는 일에만 매달리고 행복을 얻는 데 필연적으로 수반되는 고통은 두려워한다. 그리고는 어느 사이엔가 자신의 내부에서 무엇인가가 결핍되어 있음을 느끼기 시작한다.

단순히 즐거운 일들은, 참다운 행복에 공헌하는 바가 없다. 공부를 하고 직장을 다니며, 아이들을 키우고 부모를 공양하고, 여러 봉사 활동에 참여하는 등 자기 희생을 감수하며 고통을 감내하는 일이 대부분 더 큰 행복을 가져다주기 때문이다.

◯ RE-BOOT YOURSELF

참다운 행복이 반드시 즐거움에서 비롯되는 것은 아니라는 점을 이해하고 받아들이는 일이야말로 우리를 가장 자유롭게 하는 깨우침의 하나이다. 그것은 우리를 부와 쾌락과 같은 피상적인 조건과 강박 관념에서 해방시켜 우리의 참된 행복을 증진시킬 수 있는 일에 보다 많은 시간을 쏟을 수 있게 해주기 때문이다.

행복은 자신에게 달려 있는 것이지 결코 다른 사람과의 비교를 통해 생기는 것이 아니다. 고통의 극복 속에서 느끼는 즐거움이야말로 진정한 행복을 가져다준다는 사실을 이해하는 바로 그 순간부터 우리는 참다운 행복을 구할 수 있을 것이다.

세 번의 기회

기회는 깃발을 흔들지 않는다

장마로 인해 물난리가 나자 한 사람이 굴뚝으로 올라가 하나님께 도움을 청하는 기도를 했다.

"하나님, 도와주십시오."

그 때 마침 배 한 척이 다가와 그에게 소리쳤다.

"빨리 타시오!"

그러나 그는 하나님이 구해주실 것을 굳게 믿고 있었으므로 그 배에 타지 않았다. 그는 다시 기도했다.

"하나님, 저를 구해주십시오."

그러자 보트가 쏜살같이 달려와 빨리 타라고 했다. 이번에도 그는 보트에 타지 않고 기도를 계속했다.

"저는 하나님만 믿습니다. 저를 구해주십시오."

그의 기도가 끝나기가 무섭게 하늘에서 헬기가 줄사다리를 내렸다.

"빨리 올라오시오!"

그러나 그는 끝내 타지 않았고, 물은 지붕을 삼키고 굴뚝까지 차 올라 마침내 그는 물살에 휩쓸려 죽고 말았다. 하늘나라에 간 그는 하나님께 항의했다.

"하나님 그럴 수가 있습니까? 제가 그렇게도 간절히 기도를 드렸는데 모르는 체하시다니요?"

그러자 하나님이 대답했다.

"무슨 소릴 하는 건가. 나는 네게 세 번씩이나 기회를 주었다. 네게 배도 보내고, 보트도 보내고, 헬기도 보내지 않았느냐?"

누구에게나 살아가면서 삶을 좌우할 세 번의 결정적인 기회가 찾아온다고 한다. 이 말은 누구에게나 성공의 기회가 주어지게 마련이며, 결국 자신의 삶이 성공적인가 아닌가는 다른 어떤 외부적인 요건보다도 스스로의 선택 여부에 달려 있다는 뜻이다.

인생을 좌우하는 세 번의 기회뿐 아니라 모든 일에는 때가 있다. 그 때를 놓치지 않는 것이 어떤 여건이나 조건보다도 중요하다. 해야 할 일을 제때에 하게 되면 두 개의 톱니바퀴가 잘 맞아 돌아가는 것처럼 일이 잘 풀려 뜻을 이루게 되지만, 만일 제때에 하지 못하면 일이 뜻대로 진행되지 않아 실패로 끝나는 경우가 많다. 이와 같이 일이 성취되고 안 되는 것은 때를 어떻게 포착하느냐에 달려 있는 것이다.

현실적으로 성공을 거둔 사람들을 보면, 예외 없이 신속한 결단력의 소유자라는 것을 알 수 있다. 그리고 그들은 한 번 내린 결정을 변경해야 할 때는 시간을 갖고 신중하게 생각하여 새로운 결단을 내린다는 것도 특기할 만한 점이다. 이와 반대로 실패한 사람들은 대부분 결단이 느리고, 그것을 변경할 때는 오히려 신속하다. 게다가 그것을 변경하기 일쑤이다.

고대 로마의 역사에서 가장 위대한 인물을 말하라면 사람들은 대개 공화정을 일인의 황제 체제로 바꾸어놓은 줄리어스 시저를 얘기한다. 그의 위대성을 말할 때 모든 역사가나 문학가는 대개 루비콘 강을 건넌 이야기를 예로 든다.

북유럽 지역에 원정 나가 있던 시저를 로마 원로원은 반역자로 몰아 제거하려 했다. 시저가 맞닥뜨린 일생일대의 위기였다. 그것은 동시에 로마의 위기이기도 했다. 그러나 시저는 그 위기 앞에 과감한 승부사의 모습으로 섰다. 그가 군대를 이끌고 루비콘 강을 건너면 폼페이우스와 싸워야 하는데 그것은 곧 내전을 뜻했다.

시저는 내전의 고통을 겪는 한이 있어도 로마 국가 체제를 개편하여 새로운 국가 질서를 수립하겠다는 신념으로 결연히 일어서서 루비콘 강을 건넜다. 우리는 흔히 돌이킬 수 없는 순간을 일컬어 "이미 물을 건넜다."고 하는데, 이 때의 물은 바로 루비콘 강을 일컫는 것이다. 그 결단의 때를 놓치지 않은 것이 역사에서 시저를 승리자로 기록하고 있다.

◯ RE-BOOT YOURSELF

기회가 나서서 먼저 깃발을 흔드는 법은 없다. 기회는 오히려 문제나 실패 등으로 가장하고 나타나는 경우가 더 많다. 그러나 분명한 사실은 모든 사람 앞에는 공평하게 엄청난 기회가 놓여 있다는 것이다. 찾아온 기회를 저버리면서 자기에게는 기회가 주어지지 않았다고 불평하는 사람에게는 기회는 영원히 남의 것일 뿐이다.

기회는 마치 변덕스러운 암말과 같아서 앞에서 붙잡아야지 뒤에서 붙잡으려 하면 걷어차이기 십상이다. 우리는 흔히 '지금 못하면 다음에 하지, 오늘만 꼭 날인가' 라는 생각으로 당장의 일을 뒤로 미루곤 한다. 그러나 '다음' 이나 '내일' 은 현재를 충실하게 사는 사람들에게나 주어지는 축복이라는 사실을 잊지 말아야 한다.

황금알을 낳는 거위

시간은 소중한 자산이다

손님이 책 한 권을 뽑아들고 계산대로 와서 서점 주인에게 물었
다.

"이 책이 얼마입니까?"

"1달러입니다."

주인은 그 날 입고된 책들과 재고 파악을 위한 장부를 정리하며
간단하게 대답했다.

"조금 싸게 안 될까요?"

손님이 가격을 흥정하자 주인은 그를 보지도 않고 단호한 어조
로 대답했다.

"1달러 15센트 주십시오."

손님은 주인이 잘못 말한 것으로 알고 다시 물었다.

"얼마라고요? 처음에 1달러라고 하지 않았던가요?"

그 말에 주인이 다시 큰소리로 대답했다.

"맞습니다. 이제 1달러 50센트 내십시오."

손님은 어이가 없었다. 분명히 1달러라고 말해놓고 거듭 값을 올려 말하니 화가 치밀었다.

"이봐요, 지금 내게 장난을 거는 것도 아닐 텐데 왜 자꾸 값을 올리는 거요?"

그러자 주인은 정중한 태도로 손님에게 말했다.

"그럴 수밖에요. 시간이야말로 돈보다 값진 것인데 손님께서 자꾸만 시간을 허비하게 하니 책값에 시간 비용을 가산하는 게 당연하지요."

이 서점 주인이 바로 벤저민 프랭클린이다. 그는 평생을 통하여 자유를 사랑하고 과학을 존중하였다. 그는 공리주의에 투철하여 전형적인 미국인으로 손꼽히는 인물이기도 하다. 정치가 · 출판업자 · 과학자 · 저술가 등 생전에 폭넓은 활동을 하여 많은 족적을 남길 수 있었던 것도 이처럼 시간이라는 값진 자산을 충분히 활용한 결과라고 할 수 있다.

우리는 자칫 시간을 재화와 무관하게 보기 쉽다. 그래서 친구간에 돈을 빌려주는 데는 인색해도 시간을 내어주는 일에는 필요 이상으로 너그럽다.

시간이야말로 누구에게나 차별 없이 주어지는 값진 자산이다.

시간이 바로 황금알을 낳는 거위이다. 한눈팔지 않고 부지런히 노력하는 사람만이 황금알을 얻을 수 있다.

10년이라는 기간을 날짜로 계산해보면 3,650일이나 된다. 또한 분으로, 초로 계산해보면 그 천문학적인 숫자에 아연 긴장하게 된다. 그렇게 많은 자산을 가지고도 자신이 가지고 있는 물질만으로 자신의 재산을 가늠하며 한탄을 일삼는 게 우리의 모습이다.

아껴 쓴 시간이 훗날 큰 재화가 되어 돌아온다는 사실을 깨닫는 것이 무엇보다 중요하다.

현실에 불만이 많은 사람일수록 자신을 잘 돌이켜보면 엄청나게 많은 시간을 허비했다는 것을 자인하지 않을 수 없을 것이다.

시간의 허비야말로 그 동안 애써 번 돈과 시간이라는 값진 자산까지 낭비하는 셈이니 만회하려면 전보다 몇 배의 노력을 기울여야 한다.

성공은 바로 이 시간의 선용에 달려 있다고 해도 지나친 말이 아니다. 아무리 좋은 목표를 설정한다 해도 시간 관리를 소홀히 하면 결과는 뻔하게 된다.

◐ RE-BOOT YOURSELF

자기에게 주어진 시간을 유익하게 다스리는 일은 얼마든지 가능하다. 가령 출퇴근 시간에 대부분의 사람들은 눈을 감고 있거나 창 밖을 내다보며 무료하게 시간을 흘려 보낸다. 그러나 책을 읽으며 그 시간을 보낸다면 그 사람은 시간을 두 배로 활용하는 셈이 된다. 동시에 그는 시간으로부터 자유로운 사람이며 시간을 지배하는 사람이라고 볼 수 있다.

시간을 낭비하는 사람은 결코 성공이나 삶의 성취 같은 값진 감동을 경험할 수 없다. 시간이야말로 우리에게 주어진 가장 귀한 자산이기 때문이다.

펩시 콜라와 흐루시초프

기회는 만드는 것이다

1959년, 모스크바에서 열린 미국 물산 시장에서 있었던 일이다. 이 날 행사에는 소련측 대표로는 흐루시초프가, 미국측 단장으로는 닉슨이 참가하게 되어 세계의 이목이 집중되었다. 마침 개막식이 거행되어 소련 수상인 흐루시초프가 대회장 안으로 들어섰다. 그 때 한 남자가 흐루시초프에게로 성큼성큼 다가갔다. 갑자기 나타난 이 남자를 사람들은 의아한 눈빛으로 살폈다. 흐루시초프에게 다가간 그 남자는 들고 있던 잔을 내밀며 인사의 말을 건넸다.

"펩시 한 잔 드시겠습니까?"

"고맙습니다."

기꺼이 펩시 잔을 받아드는 흐루시초프를 놀란 눈으로 바라보던 사람들은 예상치 않은 그 상황을 어떻게 파악해야 할지 몹시 혼란스러웠다. 그도 그럴 것이 자본주의의 상징 그 자체라고 할 수 있는 펩시를 그것도 공산주의 국가의 종주국인 소련의 대표가 선뜻 받아들었기 때문이다. 마침내 이 장면은 전파를 타고 세계 구석구석으로 퍼져나갔다.

그 장면의 광고 효과는 그 동안 펩시 콜라 회사가 내보낸 그 어떤 광고와도 견줄 수 없었다.

그런데 그 남자는 여기서 멈추지 않고 한술 더 떠서 다시 말을 걸었다.

"소련 땅에 펩시 공장을 건설하면 어떻겠습니까? 서로에게 이득이 될 것이라고 생각하지 않으십니까?"

너무나 뜻밖의 말에 사람들은 이번에는 보기 좋게 거절당할 것이라고 예상했다. 그러나 흐루시초프의 대답은 너무나 의외였다.

"좋소."

흐루시초프는 그 남자의 제안을 흔쾌히 받아들인 것이다. 세계의 주목을 받으며 펩시는 최초로 소련 땅에 정착한 미국의 민간 기업이 된 것이다. 흐루시초프에게 자본주의의 상징인 펩시를 마시게 하고 그 공장까지 짓게 한 이 남자의 이름은 캔들이라고 한다.

캔들은 후에 그 당시의 심정을 묻는 사람들에게 이렇게 대답했다.

"나는 결심이란 걸 따로 하지 않습니다. 생각이 나면 곧 행동으로 옮기죠. 결심을 하는 동안에도 시간은 흘러가게 마련이고 생각 또한 수정되어 망설이는 동안에 포기하기 십상이니까요. 해보지도 않고 어떻게 성패를 가늠할 수 있단 말입니까. 생각은 행동하기 위해 필요한 겁니다. 밑져야 본전 아닙니까.”

◯RE-BOOT YOURSELF

캔들의 경우처럼 때로는 생각을 거르지 않고 곧바로 행동으로 옮기는 것이 목적을 달성하는 데 도움이 된다. 치밀한 계획이 필요한 경우도 있지만 필요 이상의 생각에 빠져 결국은 실행하지 못하고 후회하는 일도 일상에서 자주 경험하게 된다. 일의 성격이나 경중에 따라서 생각의 비중도 달라져야 한다.

자동차를 운전할 때 그때그때의 도로 상황에 대처해야 하는 운전자가 바둑을 두듯이 장고에 빠질 수 없는 것과 같은 이치이다.

정면에서 차가 달려오는데 언제 도로의 상황을 정확히 파악하여 핸들의 방향을 틀겠는가. ‘어, 어’ 하고 당황하여 주저하는 동안에 달려오는 차를 피하지 못하고 충돌하고야 말 것이다. 순간적으로 핸들을 꺾었을 때 위기를 모면할 수 있는 확률이 반반이라면 당연히 꺾고 나서 다음 일을 운명에 맡겨야 할 것이다.

‘구슬이 서 말이라도 꿰어야 보배’라는 격언도 필요 이상의 생각으로 말만 앞세우거나 망설이는 동안에 기회를 놓치는 사람들을 일컫는 말이다.

행동하지 않으면 기회는 결코 사람을 기다리지 않는다.

나만의 시계 바늘

시간의 주인이 되어라

현대는 초스피드 시대다. 많은 것들이 빠르게 변화하고 발전하는 동시에 그만큼 시간의 중요성이 강조된다. 조금이라도 긴장을 늦추면 자기만 시대에 뒤쳐진 사람이 된 듯한 느낌을 갖게 되며, 늘 긴장해도 시간은 빠르게 흘러 우리는 시간에 쫓겨 허덕이게 된다. 그래서 성인 인구의 95퍼센트가 일종의 '시간 빈곤'이라는 불안증을 경험하고 있다는 통계도 있다.

시간이라 하면 우리는 곧 초침이 움직여 가리키는 시간을 떠올린다. 즉 60초가 모여서 1분이 되고, 60분이 모여서 1시간이 되며, 24시간이 모여서 하루가 된다. 이것은 변할 수도 없고 어찌할 수도 없는 시계가 가리키는 시간이다.

그러나 시간을 다른 식으로 생각할 수 있는 방법은 없을까?

벤저민 프랭클린이 어린 시절에 친구들과 산딸기를 따러 산에 갔다. 산 속에 들어선 이들은 덤불 속에서 빨갛게 잘 익은 산딸기를 발견하자 서둘러 바구니에 담았다.

그러는 중에 한 아이가 소리쳤다.

"얘들아, 이리 와봐. 여기 산딸기가 엄청나게 많아. 다들 이리 와서 따자."

그러자 아이들은 딸기가 많다는 쪽으로 우르르 달려가 여기저기를 뛰어다니며 바쁘게 따 담았다. 그러나 프랭클린은 서두르지 않고 따던 곳에서 충분히 딴 다음에야 비로소 다음 장소로 옮겨갔다.

어느 새 땅거미가 내려앉고 있었다.

아이들은 저마다 자기가 제일 많이 땄다고 자랑하며 내려갈 준비를 하였다. 모두 한자리에 모여 각자 들고 있는 바구니를 내밀었을 때 그들은 깜짝 놀랐다. 생각 외로 바삐 뛰어다니지도 않던 프랭클린의 바구니에 딸기가 가장 많이 담겨 있었기 때문이다. 의외라는 듯이 눈이 동그래져서 쳐다보는 친구들에게 프랭클린이 말했다.

"내가 산딸기를 따러 산에 간다니까 아버지께서 말씀하셨어. 산딸기가 많은 곳을 뒤늦게 발견하게 되더라도 먼저 장소에서 충분히 딴 다음에 장소를 옮기라고."

프랭클린은 그 후 무슨 일이든 시작하면 반드시 끝을 맺어야 한다는 것을 생활 신조로 삼았다.

시간을 효율적으로 활용하려면 어떤 일에든 어린 프랭클린과 같이 신중하고 끈기 있는 자세로 임해야 할 것이다. 초침 소리에 신경을 곤두세우고 긴장하여 쫓아다니는 시간 활용은 정신 건강에도 나쁘다. 아무리 바쁘더라도 실을 바늘 허리에 묶어서 쓸 수 없고, 충분히 익지도 않은 음식으로 시장기를 채울 수는 없는 일이다. 허리에 묶은 실은 결코 바늘을 따라가지 못하고 익히지 않은 음식은 탈이 나게 할 뿐이다.

목표를 달성하기 위한 알맹이 있는 시간 활용이야말로 바쁘게 살아가는 우리들에게 매우 중요한 일이라고 할 수 있다.

◯ RE-BOOT YOURSELF

현대 산업 사회에 살고 있는 우리들에게 시간이 우리의 일부라는 것은 엄연한 사실이다. 우리는 무엇보다도 이같은 시간을 존중하며, 이같은 시간을 이용해 생활하고 있다. 하지만 시계에 의지한 시간에 쫓기다보면 시간의 노예로 전락할 수밖에 없다. 의식적으로라도 시간을 통제하는 법을 배워야 한다.

주어진 시간을 어떻게 활용할 것인가는 전적으로 우리 자신의 태도에 달려 있다. 서둘러 결과를 보려 하기보다는 신중하고 내용이 충실한 과정을 보다 중요시하면 그에 대한 보상은 저절로 따라오는 법이다.

우리가 소중하게 생각하는 것은 결과나 다른 사람의 평가가 아니다. 자신의 꿈과 계획 그리고 사랑이다. 그것을 위해 투자하는 시간은 다른 어떤 시간보다 가치가 있다. 눈앞의 이익에 만족하고 결과에 급급하여 주어진 시간들을 몽땅 바쳐버린다면 오히려 그것이야말로 무의미하고 소모적인 시간이 될 뿐이다.

시계에 의지한 시간에 얽매이지 말고 자신이 정말 꿈꾸는 지향점을 둔 나침반에 의지해 시간을 보내야 한다. 시계의 바늘을 결과에 맞추지 말고 스스로의 목표와 계획에 맞춰야 한다. 그렇게 할 때에만 미래가 우리 것이 될 수 있다.

미키 마우스의 탄생

고난과 기회는 공존한다

월트 디즈니가 직장을 구하지 못해 고생하던 때의 일이다. 여러 달째 디즈니는 직장을 구하기 위해 하염없이 거리를 헤매고 다녔지만 아무런 소득 없이 저녁이면 피곤한 몸을 이끌고 집으로 돌아와야 했다.

그의 집은 비좁고 초라하기 짝이 없었다. 방 한구석은 무너져 그곳으로 생쥐들이 들락거릴 정도였다. 어느 날 그가 지친 몸을 의자에 기대고 앉아 있을 때 아내가 근심스런 목소리로 말했다.

"여보, 오늘 주인 아주머니가 다녀가셨어요. 집세가 여섯 달치나 밀렸다며 막 화를 내더니 결국 집을 비워달라는군요."

디즈니는 아내에게 걱정 말라며 애써 안심시킨 뒤 곧 책상 앞에 앉아 그림 그릴 준비를 하였다. 가난한 만화가 지망생인 그는 그 어려운 중에도 집에 돌아오면 새로운 디자인 개발에 골몰하여 잠을 설쳐가며 그림을 그렸다. 그러나 그 날은 마음속에 가득 찬 걱정으로 그림 그리는 일조차 제대로 되지 않았다. 일이 손에 잡히지 않자 그는 아내와 빵 한 조각을 나누어 먹고 일찍 잠자리에 들었다.

'아, 어떻게 살아야 할까.'

이런 걱정에 휩싸여 쉽게 잠도 오지 않았다. 침대 위에서 계속 뒤척이던 그는 문득 벽에 난 작은 구멍에서 고개를 내민 생쥐 한 마리를 보게 되었다. 그 생쥐는 디즈니 부부의 유일한 친구였다. 그들은 가끔 빵 부스러기를 생쥐에게 나누어주며 반짝이는 생쥐의 눈을 쳐다보고 시름을 잊기도 하였다. 그런데 그 날은 생쥐의 모습이 예사롭게 보이지 않았다. 넋을 잃고 생쥐를 관찰하던 디즈니의 머리에 한 가지 생각이 스치고 지나갔다. 그는 벌떡 일어나 앉았다.

'그렇다. 이 세상엔 우리 부부처럼 고통을 받으며 사는 사람들이 많다. 우리처럼 가난한 이들에게 저 생쥐의 순진 무구한 모습을 보여주자. 우리가 이 생쥐를 보고 위로받듯이 그들도……'

그런 생각이 들자 그는 급히 침대를 빠져 나와 책상 앞에 앉아 다시 그림을 그리기 시작했다. 커다란 귀, 새까만 눈동자, 장난기 넘치는 얼굴…….

전세계인의 친구인 미키 마우스는 이렇게 해서 디즈니가 가장 힘들었던 시기에 그를 구원하듯 세상에 모습을 드러낸 것이다.

'쥐구멍에도 볕들 날이 있다' 는 말처럼 어려운 시기에는 반드시 기회도 있게 마련이다. 전화위복(轉禍爲福)이란 옛말도 그래서 생긴 것이다.

우리가 고생하는 기간이야말로 더 나은 삶으로 가는 전환기이다.

그러나 기회란 것은 저절로 주어지지 않는다. 어려움 가운데서도 노력하고 주어진 일에 충실할 때 그것이 보이지 않는 재산으로 언젠가 진가를 발휘하는 것이다.

디즈니 못지 않게 전세계적으로 유명한 미국의 만화가 슐츠의 젊은 시절도 그런 소중한 시간이었다.

스누피라는 이름의 개가 등장하는 만화 『피너츠』의 작가 찰스 슐츠가 무명이던 시절의 이야기이다. 제2차 세계 대전이 끝나자마자 전쟁터에서 본국으로 돌아온 그는 자기가 그렇게도 하고 싶은 미술과 관련 있는 직장을 찾아 나섰지만 가는 곳마다 거절당했다. 그러던 중에 아주 힘들게 두 가지 일을 맡게 되었다. 그러나 그 일들은 빨리 자신만의 일을 갖고 싶은 그에게는 모두 탐탁치 않았다. 하나는 잡지에 연재되는 만평에 대사를 써넣는 일이었고 다른 하나는 통신을 통해 미술 교육을 하는 일로서 초보자들이 보내온 그림을 수정해 보내는 일이었다.

만평에 글을 써넣는 일은 쉽지 않았다. 그러나 그 일을 해나가는 동안 슐츠는 자신도 모르게 재치와 순발력을 기를 수 있었다. 또한 초보자들의 그림을 살펴보고 손질해주는 동안 그림에 대한 기초를 더욱 탄탄하게 다질 수 있었다.

마지못해 한 일이 그를 발전시키는 전화위복이 된 것이다. 특히 통신 교육생의 그림을 봐주면서 만난 프랭크라는 사람과의 인연은 매우 소중한 것이었다. 슐츠는 실물과 똑같이 그리는 재능을 가지고 있는 프랭크에게서 사물을 정확히 그리는 법을 배웠다. 이 때부터 슐츠의 그림 그리기는 다시 시작되었다. 그의 스케치북은 정확한 묘사로 섬세하게 표현한 나무, 꽃, 집 등으로 가득 채워졌다.

그리고 몇 년의 세월이 흘러 마침내 슐츠는 독특한 개성을 가진 찰리 브라운과 그의 친구 스누피를 탄생시켰다. 두 캐릭터로 구성된 만화를 그려 슐츠는 부와 명예 그리고 인기를 한몸에 얻게 되었다.

◯ RE-BOOT YOURSELF

훗날 슐츠는 젊은 날을 회상하며 이렇게 말했다.

"현재 내가 기발하게 그려내는 모든 사물들과 재미있는 대사는 젊은 시절에 만평에서 익힌 재치와, 사물을 하나하나 정확하게 묘사하는 기법에서 비롯되었다."

이 두 가지 일화를 통해 우리는 고난과 역경에 굴하지 않고 자신이 뜻한 바를 일관되게 밀고 나아가는 사람만이 성공을 거둘 수 있으며, 고난과 역경에는 항상 기회가 숨어 있다는 것을 알아야 할 것이다.

2 스스로를 변화시키고 창의성을 키워라

전나무 안테나

미국 유수의 휴대용 전화회사로 손꼽히는 셀룰러원 회사가 서비스 지역을 넓히기 위해 마운트 버넌 지역에 안테나를 세울 때의 일이다. 버넌은 워싱턴에서 차로 불과 1시간 가량 떨어진 지역이라 기술적인 면에서는 전혀 문제될 게 없었다. 그런데 그들에게 전혀 다른 골칫거리가 생겼다.

초대 대통령 워싱턴의 생가가 있는 마운트 버넌의 숲속에 안테나를 세우면 자연 경관이 훼손될 것이라고 생각한 주민들의 거센 반대에 부닥친 것이다. 전나무가 울창한 숲속에 금속 안테나가 세워진다면 유서 깊은 이 지역의 아름다운 자연 경관과 부조화를 이룰 것이 분명하다는 점을 인정한 셀룰러원 측은 자연 경관을 해치지 않으면서 안테나를 세울 방법을 찾기에 골몰했다.

1년이라는 긴 시간이 지나 마침내 마운트 버넌에 안테나가 세워지는 날, 마을 사람들은 모두 깜짝 놀라고 말았다. 높이 30여 미터의 안테나는 전나무 모양을 하고 있었는데 안테나를 감싸고 있는 표면의 나무 껍질과 무성한 나뭇가지 모양이 주변의 전나무와 구별할 수 없을 정도로 흡사했기 때문이다. 더욱 사람들을 감탄시킨 것은 새들이 안테나를 전나무로 착각하고 둥지를 틀 것을 염려하여 새들의 천적이라고 불리는 올빼미를 플라스틱으로 만들어 가지에 올려놓은 것이다.

이로써 마운트 버넌의 주민들은 유서 깊은 자기 마을의 자연 환경을 보존할 수 있었던 것은 물론 양질의 전화 서비스도 받을 수 있게 된 것이다. 생활의 편리함보다 자연 보존과 마을의 역사를 소중히 여긴 마운트 버넌 주민들과 그것을 지켜주려는 셀룰러원 회사의 노력이 결실을 거둔 순간이었다.

어떤 일을 추진할 때 흔히 예상치 못한 곳에서 마찰이 빚어지곤 한다. 그럴 때 사람들은 자기 주장을 관철시키려고 무리하게 일을 추진하거나 상대의 주장에 쉽게 설득당한다. 특히 정부나 큰 기업이 주도하는 일에서는 일방적으로 민간이나 개인의 노력이 무시되는 것이 다반사였던 우리 나라 사회 일반에서는 그런 경우에 대부분 포기하거나 승복하는 것을 미덕으로 알고 있는 듯하다.

그러기에 주장하는 바가 엇갈릴 때 서로 존중하여 합일된 또 다른 계획을 수립해보려는 노력이 부족하다. 의견이 엇갈리면 어느

한 쪽이 포기해야 한다는 생각에 앞서 둘 다 만족할 수 있는 방법은 없을까 하고 문제를 재검토하는 자세가 아쉽다.

쌍방의 노력이 의외로 새로운 돌파구를 찾아내게 된 예에서 우리가 매우 신선한 감동을 받는 것은 그 때문이다. 서로의 의견을 존중하는 일은 일의 매듭을 푸는 데 꼭 필요한 덕목이다. 그러다 보면 상대와의 마찰이 짜증스럽게 여겨지기보다 오히려 토론과 합의에 의해 더 좋은 결과를 얻을 수 있다는 기대에 부풀게 될 것이다. 애초의 계획이 별다른 문제없이 출발했다면 지극히 상식적으로 순조롭게 일이 마무리되겠지만, 그렇지 않고 매우 어려운 문제를 해결하는 과정에서 새로운 아이디어를 얻고 거기서 더욱 만족스러운 결과를 얻는다면 그에 비례해서 보람도 커질 것이다.

○ RE-BOOT YOURSELF

어떤 어려운 일이라도 이루고자 하는 의지만 있으면 이루지 못할 일이 없다. 하물며 선한 목적을 위해서라면 의견이 많을수록 더 좋다. 의견의 대립을 의견의 합일로 이끌어갈 수 있는 인내와 너그러움만 있다면 한결 밝고 다양한 세상을 만들어갈 수 있다. 더불어 산다는 것은 나의 의견과 아울러 남의 의견을 존중하는 지혜의 공동 살림을 의미한다. 공동의 이익을 위해 기발한 착상으로 멋진 결과를 만들어내는 일이야말로 더불어 사는 보람이자 의미이다.

셰헤라자데의 천일 밤

창조적 생각이 창조적 결과를 만든다

사람들은 종종 어떤 난관에 부딪혔을 때 그것을 풀어나가려 하기보다는 그것에 대해 생각하는 것 자체를 포기한다. 더 나아가서는 자기가 처한 상황이나 문제를 운명으로 그냥 수용하려 한다. 그러나 그것은 자기 생명을 포기하는 행동이다.

우리가 익히 아는 『아라비안 나이트』의 페르시아 왕 샤푸리 야르에게 첫날밤을 봉사하고 아침이 되면 이슬과 함께 사라져간 수많은 여인들이야말로 생각하기를 포기함으로써 죽음을 그대로 받아들인 대표적인 예이다.

『아라비안 나이트』의 원제는 1001일 밤의 이야기로 나뉘어진 『천일야화』이다. 이야기의 줄거리는 샤푸리 야르 왕이 아내의 부

정을 안 후부터 복수심에 불타올라 매일 밤 한 여자를 데려오게
해서 첫날밤을 지낸 후 죽이는 데서 시작된다.

여인들은 매일 한 명씩 차례로 죽어갔다. 마침내 대신의 딸 세
헤라자데의 차례가 왔다. 그런데 그녀는 다른 여자들과 다른 길을
택했다. 즉 그녀 역시 다른 여인들처럼 절대적인 운명을 수용할
수밖에 없는 상황이었지만 그 운명을 타개하기로 결심했던 것이
다. 그렇게 마음을 바꿔 먹게 되면 창조적인 생각이 떠오르게 마
련이다.

첫날밤이 되자 세헤라자데는 잠자리에 들지 않고 왕에게 이야기
를 들려주기 시작했다. 그녀의 이야기는 날이 샐 무렵까지 끝나지
않았다. 세헤라자데는 왕에게 나머지 이야기는 내일 밤에 들려주
겠다고 하였다. 이런 식으로 왕이 다음 이야기를 궁금해하도록 만
들어 목숨을 부지한 것도 어느덧 3년 가까이 지나게 되었다. 그
동안 세헤라자데는 왕의 아이를 갖게 되었다. 그리고 왕은 지난날
의 노여움이 풀렸으며 이야기의 샘이 마를 줄 모르는 새 아내를
사랑하게 되었다.

도스토예프스키는 '인류의 가장 위대한 사고는 돌을 빵으로 바
꿀 수 있다는 것'이라고 말했다. 그렇다. 신은 돌을 창조하였고
인간에게는 돌을 빵으로 바꾸는 능력이 있다. 돌을 쓸모 없이 굴
러다니는 아무 의미 없는 물건으로 본다면 그것은 그러한 역할밖
에 하지 못한다. 그러나 돌에서 쓰임새를 찾게 되면 그것은 매우
유용한 물건이 된다.

1001일 밤 동안 끊이지 않는 이야기로 목숨을 이어나간 세헤라자데야말로 돌을 빵으로 만든 여인이다. 그녀는 감정이나 본능에 의존하지 않고 창조주가 주신 엄청난 특혜를 마음껏 활용한 가장 지혜로운 여인으로 칭송받아 마땅하다.

◯ RE-BOOT YOURSELF

어떤 문제에 부딪쳤을 때 사고는 꼭 필요한 일이다. 어려운 상황을 만났을 때 혹은 발전적으로 도약해야 할 상황에서 우리는 적극적으로 생각하는 습관을 가져야 한다. 나쁜 결과를 앞질러 생각함으로써 나는 못한다, 나는 안 된다고 포기하거나 다른 사람이 해내는 것을 엄연히 보면서도 나는 무능하고 그 사람은 유능하기 때문이라고 부정적으로 생각한다면 그의 미래는 없다고 해도 과언이 아니다.

천일야화는 누구라도 만들 수 있다. 문제는 그렇게 하겠다는 의지와 생각이 있느냐 없느냐 하는 것뿐이다. 포기하지 않고 덤빈다면 우리도 세헤라자데처럼 죽음을 이겨내는 생명의 이야기인 또 다른 천일야화를 쓸 수 있는 것이다.

제너와 천연두 백신

행동하는 자만이 창조할 수 있다

살아가면서 우리는 푸념을 하는 경우가 많다. "예전에 그 땅을 사두기만 했다면 지금쯤 큰 부자가 됐을 텐데……." 한참 잘 나가는 아이디어 상품을 보면서 "저건 내가 몇 년 전에 생각했던 아이디어인데……." 스포츠 스타를 보면서 "걔는 내가 초등학교에서 주전 선수였을 때 후보 선수였어. 내가 계속 운동을 했다면……." 우리는 흔히 자신을 어떤 일을 실제 행동으로 옮긴 사람들과 마찬가지라고 생각하는 경향이 있다.

그러나 그것은 큰 착각일 뿐이다. 어떤 일의 창조나 성취에 있어서 가장 중요한 것은 아이디어나 재능보다도 오히려 그것을 지속적으로 해나가는 인내와 실천력이기 때문이다.

"훌륭한 아이디어를 얻는 것은 마치 임신을 하는 것과 같아 그리 어렵지 않다. 그러나 그 아이디어를 실천에 옮기는 것은 아이를 잘 낳아서 훌륭하게 기르는 것만큼이나 어려운 일이다."

국제 발명가 협회 회장을 지낸 멜빈 I. 풀러는 아이디어를 실천하는 일의 어려움에 대해 이렇게 말했다.

사실 창조력이라 함은 단지 새로운 생각을 하는 것에 그치는 것이 아니라 그것의 실천까지를 아우르는 말이다. '천재는 1퍼센트의 영감과 99퍼센트의 땀으로 이루어진다'는 발명왕 에디슨이 말도 따지고 보면 창조에 있어 실천의 중요성을 강조한 것이다.

종종 사람들이 기가 막힌 생각을 해내면서도 그 창조적 아이디어들이 낙엽처럼 땅에 뒹굴도록 내버려두어 끝내 썩게 만드는 까닭도 그들이 창조력은 1퍼센트의 생각과 99퍼센트의 행동으로 이루어진다는 사실을 망각하기 때문이다.

18세기 유럽 사람들의 주요 사망 원인은 천연두였다. 많은 의사들이 이 병의 치료제를 만드는 데 노력했으나 별 진전이 없었다. 당시 서민들 사이에서는 한번 우두에 걸린 사람은 천연두에 걸리지 않는다는 이야기가 널리 퍼져 있었다. 그러나 의학계에서는 터무니없는 소리라며 아무도 그 진위를 확인하려 하지 않았다. 그 무렵 어느 시골 마을의 외과의사인 제너는 우연히 한 마을 처녀를 진찰하게 되었다. 결과는 천연두였다. 제너가 천연두에 걸렸다고 하자 처녀는 펄쩍 뛰면서 말했다.

"천연두라고요? 그럴 리가……. 저는 전에 우두에 걸린 일이 있는데요.”

무심코 이 말을 들은 제너는 혹 우두가 천연두에 대해 예방 효과를 가지고 있는 것이 아닌가 하는 생각이 들어 동료 의사들에게 자신의 견해를 털어놓았다. 친구들은 너털웃음을 터뜨리며 근거 없는 낭설이라고 무시해버렸다.

그 후 제너는 런던으로 가서 유명한 의사이자 해부학자인 존 헌터 박사의 제자가 되었다. 그 때까지도 우두와 천연두의 관계에 대한 의문을 풀지 못한 제너는 스승에게 아주 조심스럽게 자신의 견해를 밝혔다. 흰머리가 성성한 헌터는 제너를 지그시 쳐다보더니 이렇게 말하는 것이었다.

“왜 생각만 하고 직접 실험해보려는 생각은 하지 않는 건가?”

스승의 이 말을 들은 제너는 고향으로 다시 돌아와 곧바로 천연두 예방 연구를 시작했다. 자신의 신념을 믿었던 그는 자신의 의지를 굽히지 않고 연구를 계속했다. 그리고 마침내 자기의 세 아들에게 우두 백신을 접종하여 자신의 연구 성과를 세상에 알렸다. 종두 예방법을 책으로 엮어 내놓은 것은 그가 종두 연구를 시작하고 20년이 지나서였다.

RE-BOOT YOURSELF

천연두 치료의 아이디어는 세상에 널리 퍼져 있었지만 정작 그것을 파고들어 연구한 것은 제너 한 사람이었다. 다른 의사들은 제너를 비웃고 심지어 비난하기까지 했지만 결국 종두법을 만든 것은 제너이다. 그는 다른 이들이 자신에게 돌을 던질 동안 그 돌을 주워 튼튼한 기초를 쌓을 줄 알았던 사람이다.

우리 나라에 처음 종두법을 들여온 지석영도 제너와 비슷한 어려움을 겪었다고 전해진다. 두 사람 모두 행동하는 자만이 창조할 수 있다는 사실을 우리에게 명백히 보여주고 있다.

땅콩의 쓰임새

인간이 지닌 가능성은 무한하다

신은 우리 모두에게 저마다의 가치 창조를 위한 가능성이란 씨앗을 심어주었다. 어떤 이들은 그것을 알고 싹을 틔워 마음껏 활용하지만 어떤 이들은 그것을 발견하지 못하거나 인식하지 못한 채 썩혀버린다.

스스로를 아무것도 가진 것이 없고 아무런 능력이 없다며 절망하는 사람이 있다면 지금이라도 당장 자신이 가진 가능성에 도전해보기를 권하고 싶다.

위대한 흑인 과학자인 G. 워싱턴 카버는 종종 그가 과학에 흥미를 느끼게 된 동기를 묻는 질문을 받곤 했는데 한번은 많은 학생들에게 이렇게 대답했다.

"어린 시절 과학에 관심이 많았던 나는 조물주에게 기도를 올리면서 이렇게 물었습니다. '신이시여, 우주를 왜 만드셨습니까?' 그러자 신이 '애야, 너의 부족한 머리로는 그것을 깨닫기 어려울 것이다. 네가 감당할 수 있는 것을 묻도록 해라'라고 대답하셨습니다. 그래서 내가 다시 물었습니다. '그렇다면 신이시여, 인간은 왜 만드셨습니까?' 이번에도 신은 친절하게 대답하시더군요. '작은 아이야, 너는 여전히 너의 능력을 벗어나는 질문을 하는구나. 네 질문의 수준을 낮추고 정말로 네가 알고 싶은 것이 무언지 분명히 하여라.' 나는 우울한 기분으로 손바닥을 위로 펴 보였습니다. 손바닥 위의 먹다 남은 땅콩 한 알을 보고 투정하듯 물었습니다. '신이시여, 땅콩에 대해서 이야기해주십시오.' 그 질문에 신은 이렇게 대답하셨습니다. '그래, 그것은 매우 좋은 질문이다. 한 가지 말해줄 수 있는 것은 그것이 오묘하고 무한하다는 것이다.' 그리고 나서 신은 내게 땅콩을 분해하고 다시 결합하는 여러 가지 방법을 알려주셨습니다. 수년 동안의 연구 끝에 나는 땅콩이 땅콩잼과 같은 요리에 쓰이는 것 외에도 플라스틱을 만들거나 페인트를 만들 때에도 유용하다는 것을 알아냈습니다. 제가 이제껏 알아낸 땅콩의 사용법은 무려 350가지 이상입니다."

나는 사용법을 가능성이라는 말로 바꾸어 생각해본다. 심심풀이로 먹는 땅콩 하나가 350가지가 넘는 가능성을 가지고 있다면 도대체 우리 인간은 얼마나 많은 가능성을 가지고 있는 것일까.

그런데 많은 사람들이 그 가능성을 현실로 바꾸어놓는 데 실패하고는 다시 도전할 엄두를 못 내고 좌절하고 자학한다.

그것은 참으로 슬픈 일이다. 인간에게 있어서 진정한 비극은 지식이나 철학이나 물질의 한계에서 비롯되는 것이 아니다. 인류사를 통해서 우리가 알 수 있듯이 엄연히 존재하는 인간의 무한한 가능성을 인식하지 못하거나 활용하지 못하는 것이 바로 가장 큰 비극인 것이다.

마치 창고에 쌀을 잔뜩 쌓아두고도 그 사실을 잊고 끼니를 걱정하는 어리석음과 다를 바 없다. 건강하면서도 스스로 약해지고 있다고 생각하며 활동하지 않는다면 그 사람은 끝내 병들고 말 것이다. 이처럼 자신의 지식이나 능력이 별로 쓸모 없다고 생각하며 활용하지 않는다면 그나마도 아예 없어져서 정말 쓸모 없는 인간이 되고 마는 것이다.

비록 내일 지구가 멸망한다 해도 티끌만큼의 가능성을 믿고 한 그루의 사과나무를 심는 자만이 신이 인간에게 준 무한한 가능성의 신비를 체험할 수 있다.

강을 헤엄쳐 건널 능력이 있는 사람일지라도 스스로가 자기는 개울조차 건널 능력이 없다고 믿는다면 정말 그렇게 되고 마는 것이다. 그래서 중국 속담에도 '나날이 발전하지 않는 능력은 아예 없는 것과 같다'는 말이 있다.

자신에게 내재된 무한한 가능성과 창조력을 믿고 그것을 갈고 닦아 새로운 가능성에 도전하는 실천력 있는 의지만이 성공의 지름길임을 깨달아야 한다.

◯RE-BOOT YOURSELF

태어날 때부터 모든 것을 갖춘 사람만이 인생을 성공적으로 사는 것이 아니다. 그것을 엄연히 알면서도 무한한 자기 가능성을 외면하거나 스스로 노력하지 않는다면 아무리 좋은 환경에서 태어났을지라도 우리네 인생 노정은 피곤과 후회의 연속일 뿐이다. 주어진 대로 그저 예상되는 대로 너무나 평범한 질곡 속에 자신을 방치하는 일이 얼마나 부끄러운 일인지 우리는 자각해야 할 것이다.

지적인 휴식

건강한 휴식을 취하라

"한국 사람은 지독한 일벌레다."

"한국 경제가 눈부신 발전을 할 수 있는 원동력은 바로 한국인의 근면성에 있다."

혹자는 샴페인을 빨리 터뜨렸다고 말하지만 아직까지도 대다수 외국 사람의 눈에 비친 우리 나라와 우리네 모습은 근면하다는 것이다. 근면은 매우 바람직한 덕목이다. 일에 욕심이 많다는 것과 열심히 일한다는 것은 결코 탓할 일이 아니다. 그것은 일을 추진하는 데 큰 힘이 되기 때문이다. 그러나 자기의 분수를 알지 못하고 너무 많은 일에 욕심을 낸다면 그것은 비효율적이다. 그런 욕심이 지나쳐 단 한 가지 일도 제대로 해내지 못하는 경우를 주위에서 목격하고는 더러 가슴 아파하기도 한다.

우리가 이 세상에 사는 동안 일은 도대체 얼마나 해야 될까? 일에 초점을 맞추면 한도 끝도 없을 것이다. 그러나 우리의 시간과 능력에 초점을 맞추면 일의 한계가 보다 더 분명해질 것이다.

얼마 전 서거한 프랑스 미테랑 전 대통령은 자서전에서 밝히기를 '나는 묘비에 자신이 할 수 있었던 일을 한 사람이라고 기록되기를 원한다'고 했다. 위대한 인물이란 단지 자기가 할 수 있는 일을 한 사람일 뿐이라고 해도 과언이 아니다.

지나가던 한 사람이 이솝이 어린 아이들과 같이 노는 모습을 보게 되었다.

"다 큰 어른이 점잖지 못하게 그 무슨 짓인가."

그 사람은 이솝의 행동을 못마땅하게 여기며 타이르듯 말했다. 이솝은 그 사람에게 대꾸하는 대신, 현악기를 연주할 때 쓰는 활을 집어들고는 그 활줄을 느슨하게 풀어 땅바닥에 놓았다. 그러고는 그 사람에게 물었다.

"자. 이 수수께끼를 풀 수 있으면 풀어 보시게. 이 느슨해진 활이 무엇을 뜻하겠나?"

"……."

그 사람이 아무런 대답을 하지 못하자 이솝이 말했다.

"활줄을 계속 팽팽하게 매어놓으면 끝내 그 활은 휘거나 부러지고 만다네. 그러나 활줄을 늦추어 놓으면 다시 연주를 시작할 때 처음처럼 잘 쓸 수 있지 않겠나."

밤이 있기에 다시 해가 뜨고 겨울이 있기에 푸른 봄이 찾아오듯 휴식이 있기에 우리는 새로운 활력을 얻어 일을 계속해나갈 수 있는 것이다. 성공적으로 삶을 이끈 사람은 쉬지 않고 일에 매달린 사람이 아니라 휴식 시간을 효과적으로 운영한 사람이다.

◯ RE-BOOT YOURSELF

우리 나라도 어느 새 주 5일 근무라든가, 격주 휴무제를 도입하는 경우가 늘어나고 해외 여행 등 필요에 따라 제법 긴 휴가를 가질 수 있게 되었다. 그러나 우리가 취하는 휴식의 모습은 어떤가. 대개 집 안에 틀어박혀 텔레비전을 보든가 친구들과 술을 마시고 노래방에 가며 카드나 화투를 하고 고작해야 영화를 보러 가는 게 전부이다시피 한 것이 우리의 휴식 문화이다.

우리는 대개 일을 하기 위해서는 연구하고 계획을 세우지만 휴식을 위해서는 그렇게 하지 않는다. 그러나 휴식도 일과 마찬가지로 여러 가지로 연구하고 계획을 세워야 할 필요가 있다. 자기에게 가장 알맞은 휴식 방법을 찾아보고 자기의 신체 리듬을 파악하는 등 휴식에도 기술이 필요한 것이다.

버트런드 러셀은 "휴식 시간을 지적으로 보내는 일은 문명이 남긴 최고의 선물이다."라고 말했다. 제대로 된 휴식 습관을 길러 효율적인 생산과 창조를 해야 할 때이다.

유진 화카프의 할인 전문점

창의적인 생각이 성공을 부른다

고등학교를 겨우 졸업한 한 청년이 뉴욕 브루클린에서 작은 가방 가게를 운영하고 있는 아버지를 도와 사업을 배우고 있었다.

그의 아버지는 "상점이 번영하지 않고는 나 자신도 번영할 수 없다."는 고집 하나로 평생을 살아온 사람이었다. 그래서 상점의 물건은 허리띠 하나라도 함부로 가져다 쓰지 않을 뿐 아니라 아무리 사소한 물건이라도 자신이 사용하게 되면 그 값을 금고에 넣었다. 자신의 욕심 때문에 상점을 망하게 할 수는 없다고 강조하는 아버지를 본받아 그도 양심적인 상인이 되겠다고 다짐했다.

그러던 중 제2차 세계 대전으로 세계는 정치적으로나 경제적으로 매우 혼란한 상황이 되었다. 그가 참전하여 4년 만에 전쟁터에서 돌아왔을 때 아버지의 가게는 40퍼센트의 마진을 유지하고 있었으나 아직도 하루 매출이 100달러를 넘지 못했다. 아버지의 구식 경영 방법을 개선해보고자 고민한 끝에 그는 매출액을 올리기 위해서는 이윤을 대폭 줄이는 대신 판매량을 늘리는 방법밖에 없다고 생각했다.

그는 곧 아버지로부터 독립하여 자신의 사업을 시작했다. 우선 '낮은 이윤, 높은 회전율'이라는 목표를 세우고 뉴욕 맨해튼의 허름한 2층집을 빌려 가방 할인 매장을 열었다. 밑져야 본전이라는 두둑한 배짱이 그에게 용기를 주었다.

개업 후 처음에는 많은 적자를 보았다. 실패에 대한 불안감이 엄습했지만 눈앞의 이익보다는 장기적인 계획과 포부에 기대를 걸고 처음의 목표를 굽히지 않고 그대로 밀고 나갔다.

그의 방법은 차츰 효과를 나타내기 시작했다. 값이 저렴한 것을 안 손님들이 가까운 곳에서뿐 아니라 먼 곳에서도 일부러 찾아오게 된 것이다. 그는 아무리 많은 손님이 몰려와도 마진율을 높이지 않았다. 그리고 믿을 수 있는 상품이 아니면 절대 팔지 않았다. 얼마 지나지 않아 그의 물건은 '싸고 믿을 수 있는 상품'으로 이름을 날렸고 이 소문은 전국으로 퍼져나가기 시작했다.

이 청년이 바로 훗날 '디스카운트 스토어 체인'을 창업한 유진 화카프이다

근면하고 성실한데도 하는 일마다 뜻대로 안 된다고 생각하는 사람들이 많다. 그러고는 흔히 '시대를 잘못 타고나서'라고 말한

다. 그런 말을 들으면 지극히 자기 연민에 빠져서 하는 말로 들려 안타깝기 그지없다. 본인의 말대로 시대 탓이라면 문제는 간단한데 왜 고민인지 납득이 가지 않는다. 시대 탓이라면 그 시대를 이미 파악했다는 이야기인데 어째서 자신의 생각을 시대에 맞게 변화시키려 하지 않는지 모르겠다.

유진 화카프의 아버지도 마찬가지이다. 그는 근면과 성실, 정직을 신조로 삼는 사람이었다. 물건의 품질을 높이기 위해 최선을 다하고 사소한 실수도 용납하지 않는 사람이었다. 경제가 안정되고 가격보다 품질을 우선으로 하는 시대였다면 그의 경영 방법이 옳았을지도 모른다. 그러나 전후의 시대 상황에는 맞지 않는 고지식하고 창의성이 결여된 방법이었다.

아무리 부유한 사람이라도 전후에는 사정이 어려워졌을 것이고, 따라서 아들인 유진의 생각대로 한푼이라도 싼값에 물건을 사고 싶어하는 대중 심리가 지배적이었을 것이다. 유진의 경영 방법은 그래서 적중했던 것이다.

◯ RE-BOOT YOURSELF

제아무리 올곧고 정직한 상인이라도 고객의 입장에 서서 그들이 진정 원하는 것을 그대로 반영할 수 있는 창의적인 발상을 하지 않는다면 사업에서 성공을 거둘 수 없다.

열린 생각과 앞선 사고로 남을 이해하고 그들의 마음을 읽어내는 것이 중요하다. 기존의 관습과 제도를 답습하는 것은 남에

게 한 발 뒤지는 결과를 가져올 뿐이다. 어떤 일을 하든지 시대
에 맞는 혹은 시대에 앞서가는 사고를 한다는 것은 매우 중요한
일이다.

보석 도둑 아더 배리

스스로의 재능과 가치를 훔치는 가장 큰 도둑은 자신이다

아더 배리는 한때 부와 명예의 상징으로 영국인들의 부러움을 한몸에 받았던 인물이다. 뛰어난 예술품 감정가이자 보석 감정가였던 그는 그러나 사실은 자신의 재능을 이용하여 보석과 예술품을 훔치는 도둑이었다. 특히 그는 사회 저명 인사들의 집만 골라서 그들의 보석을 훔쳐냈는데, 아더 배리에게 도둑맞았다는 사실은 곧 그 보물의 진가를 확인해주는 것이고, 동시에 그 사람의 사회적 지위를 평가해주는 척도가 될 정도였다. 따라서 그에게 도둑맞지 않은 사람은 부자에 속하지 않는다는 말이 공공연히 떠돌았다. 경찰은 그를 잡기 위해 수사력을 총동원했지만 워낙 총명한 사람이어서 매번 허탕을 치고 말았다.

그러던 그가 어느 날 유명한 고위 인사의 집에 숨어들었다가 잠복해 있던 경찰들의 총격을 피해 겨우 목숨을 건져 도망칠 수 있었다. 그 때 그는 극심한 고통을 참으며 '다시는 이런 짓을 하지 않을 테다'라고 굳게 결심했다. 무사히 도망친 배리는 3년 동안 숨어서 지냈다. 그 동안 그는 결심한 대로 다시는 도둑질을 하지 않았지만, 그를 수상하게 여긴 이웃집 여자의 신고로 결국 감옥에 갇히는 신세가 되었다.

재판에서 그는 18년의 징역형을 언도 받았다. 형기를 다 마치고 출감해서도 그는 자신과 한 약속을 굳게 지켰다. 경찰들은 언젠가는 배리가 다시 도둑질을 하리라는 생각에 그에 대한 감시를 소홀히 하지 않았지만 배리는 뉴잉글랜드의 작은 마을에 묻혀 조용히 살았다. 그리고 그의 성실한 태도는 주민들의 신망을 받아 나중에는 지역 대표로 선출되기에 이르렀다.

유명한 보석 도둑이 지방의 유지가 되었다는 소식은 영국 전체를 떠들썩하게 만들었다. 기자들이 앞다투어 뉴잉글랜드로 몰려들었다. 기자들의 짓궂고 무례한 질문이 쏟아졌지만 배리는 웃음으로 질문에 답했다. 이윽고 한 기자가 물었다. "배리 씨, 당신은 많은 부호들의 재물을 훔쳤는데 도대체 그 중 누구의 것을 가장 많이 훔쳤나요?"

그러자 배리가 한숨을 쉬며 조용히 대답했다. "내가 가장 많은 재산을 훔쳐낸 사람은 바로 나 아더 배리요. 나는 성공적인 사업가가 될 수도 있었고 사회를 위해 큰 공헌도 할 수 있었소. 그러나 나는 도둑이 되었고 그 때문에 감옥에서 내 인생의 3분의 1을 허비했다오." 자신의 잘못을 비감한 어조로 토로하는 배리의 머리는 이미 하얗게 세어 있었다.

우리는 누구나 지니고 있던 물건을 잃어버린 기억을 가지고 있다. 그리고 그것이 그다지 비싸거나 귀한 것이 아닐지라도 아까워하며 그것을 가져간 사람을 원망하면서 며칠을 불만 속에 지내기도 한다. 그러나 살다보면 어느 순간, 지갑을 꽉 채운 지폐를 들여다보면서도 자기 삶 속에서 무엇인가 큰 것을 잃어버린 것이 아닌가 하는 생각이 드는 순간이 있다. 삶이 허전하고 의미가 없어 보이는가 하면 세상을 원망하고 남이 싫어지는 것을 경험한다. 그리고 그것을 가져간 도둑이 남이 아닌 바로 자신이라는 것을 깨닫고 우울해한다. 흘러간 시간, 아깝게 소비해버린 재능, 삶의 실체 등을 깨닫고 후회한다. 그러다가도 인생이란 다 그런 것이라고 자기를 위로하고 그 일을 잊어버리려 애쓴다. 이것이 우리 보통 사람들의 살아가는 모습이다.

⃝ RE-BOOT YOURSELF

흐르는 물에 어제의 물이 없듯이 가버린 시간은 다시 오지 않는다. 인생을 의미 없이 사는 사람에겐 어제와 오늘이 차이가 없다. 어제의 태양이 오늘의 태양이고 어제의 고통이 오늘의 고통으로 이어진다.

하지만 긍정적으로 사고하고 남은 시간을 소중히 여기며 오늘 최선을 다하는 방향으로 스스로를 변화시킨다면 더 이상의 실패나 좌절은 없을 것이다. 어제의 잘못과 실패에 굴하지 않고 오늘의 새로운 삶을 개척한 아더 배리의 실패와 성공을 다시 한 번 되새기는 이유도 바로 여기에 있다.

헐스트의 도자기

진정한 성취의 열쇠는 자신이 쥐고 있다

상대와 비교하지 않으면 그런대로 만족하며 살 것을, 남과 비교함으로써 느껴지는 부족을 '상대적 빈곤'이라고 한다. 이것이 유능한 자신을 초라하게 전락시켜 마침내 엉뚱한 쪽으로 발전하는 경우도 있다. 시골에서 그저 밥만 먹을 수 있다면 더 이상 바랄 게 없겠다며 서울에 올라온 사람이 물 쓰듯 돈을 써대는 사람들과 함께 살게 되면 병이 나고 만다. 그래서 일확천금을 꿈꾸다 '한탕 심리'라는 중병에 걸려 급기야는 남의 집 담까지 뛰어넘게 된다.

온전한 삶은 우선 자기 자신을 이해하는 데서 비롯된다. 다른 사람과 비교하기에 앞서 자기 내부에 있는 여러 가지 힘들을 파악하고 그것들을 살리는 일이 선행되어야 한다. 다른 사람이 지닌

한 조각 보석에 현혹되어 자기 내부에 있는 보물상자를 열어보지 않는 어리석음이 진정한 자아 성취를 가로막는 것이다.

미국의 신문 편집인이자 사업가인 윌리엄 헐스트는 골동품을 수집하는 취미를 가지고 있었다. 그의 골동품 수집벽은 유난스러워서 그림, 도자기, 유물 등 옛날 물건이 있는 곳이면 그곳이 어디이건 간에 당장 달려가서 자기 것으로 만들어야 직성이 풀렸다.

그러던 어느 날 그는 유럽을 여행하고 돌아온 사업가로부터 유럽의 왕실에서만 사용되었다는 도자기 얘기를 들었다. 사업가는 마치 도자기가 눈앞에 있는 것처럼 황홀한 표정을 지으며 도자기의 모양과 거기 새겨진 문양을 설명했다. 헐스트는 그 도자기가 있는 곳을 알아낸 뒤 그 날로 비행기를 타고 유럽으로 날아갔다. 그러나 도착해보니 그 도자기는 이미 다른 사람에게 팔려간 뒤였다.

그는 돈이 아무리 많이 든다고 해도 꼭 그 도자기를 갖겠다는 욕망에 사로잡혀 몇 년 동안 도자기의 자취를 더듬어 유럽 전역을 헤매고 다녔다. 헐스트는 그 도자기가 미국의 부유한 사업가에게 팔려간 것까지 알아냈다. 곧 도자기를 손에 넣을 것을 확신한 그는 흥분하여 미국으로 돌아갔다.

마침내 도자기를 넘겨주었다는 한 중개상과 연락이 닿았다. 도자기를 누가 가져갔느냐는 헐스트의 물음에 수화기 저쪽의 중개인이 대답했다.

"그 도자기는 이미 수년 전에 사업가인 윌리엄 헐스트 씨가 사가셨습니다. 그분은 대단한 고미술품 애호가라서 여간해선 팔지 않으실 겁니다.”

윌리엄 헐스트라는 이름을 듣고 헐스트는 즉시 자신의 지하 창고로 내려갔다. 육중한 지하 창고 문을 열어 불을 켠 뒤 성큼성큼 걸어서 한 진열장 앞에 섰다. 거기엔 그가 그렇게 열심히 찾아다녔던 도자기가 여봐라는 듯이 아름다운 자태를 뽐내고 있었다.

○RE-BOOT YOURSELF

자신의 지하 창고에 있는 도자기를 찾기 위해 엉뚱한 곳을 헤매며 시간을 낭비한 이는 비단 헐스트만은 아닐 것이다. 하나님은 공정하다. 사람에게는 저마다 다른 지문이 있듯이 제각기 다른 존재 가치와 재주를 주신다. 문제는 자신의 내부에 있는 그 능력 발견하느냐 못하느냐에 달려 있으며 거기에 우리 인생의 성패가 달려 있다. 주변 환경이나 사람을 탓하기보다 내게 주어진 능력을 최대한 이용하여 스스로를 발전시키겠다고 마음을 바꿔 먹는다면 우리의 미래는 분명히 달라질 것이다.

습관의 힘

좋은 습관이 우리를 성공으로 이끈다

아프리카 오지에 A상사의 직원과 B상사의 직원 각 한 명이 처음으로 발령을 받았다. 처음 2년 동안 이들의 성과는 별다른 차이가 없었다. 2년 동안의 오지 근무를 마치고 이들은 각자의 나라로 돌아갔다. 그 뒤를 이어 다시 각각 A상사와 B상사에서 후임자가 부임했다.

그런데 바로 두번째 사람들이 부임한 날로부터 A상사는 B상사에 비해 두드러지게 경쟁력에서 앞서갔다. 그것은 A상사의 후임자가 월등히 우수했기 때문이 아니라 전임자가 항상 중요한 일을 메모하는 습관이 있었기 때문이었다. 그는 자신의 경험을 깨알같이 적은 작은 수첩을 후임자에게 전해주었다. 후임자는 그것을 토대로 인맥을 넓히고 의사 결정에 중요한 영향을 미치는 사람을 사귀었으며 잠재 고객을 더 많이 확보할 수 있었다. 그러나 B상사의 후임자는 처음부터 다시 시작해야 했다. 전임자가 전해준 정보가 아무것도 없었기 때문이다.

인간은 보통 20분이 지나면 최초 기억의 50퍼센트 가량을 망각하게 된다고 한다. 게다가 사람들은 큰 것은 잘 기억하는 반면 사소한 것은 잘 기억하지 못하는 경우가 많다. 메모라는 작은 습관 하나로 인하여 두 상사의 희비가 교차한 것이다.

습관은 우리의 행동이 즐겨 지나다니는 '정신적인 길'이다. 지나다닐 때마다 조금씩 깊어지고 넓어진다. 사람들은 들판이나 숲을 걸을 때 자연스럽게 아무도 지나다니지 않은 길보다는 자주 다녀서 길이 확실한 곳으로 발길을 옮기게 되며, 구태여 길을 벗어나 들판이나 숲에 새로운 길을 내며 가지는 않는다. 정신적인 행위의 길 역시 이와 다를 바 없다. 저항이 가장 적은 길, 즉 이미 형성된 길을 따라 움직이게 되어 있다. 습관은 반복에 의해 창조되며, 생물이나 혹은 무생물의 경우에도 그런 자연 법칙에 따라 습관이 형성됨을 관찰할 수 있다.

○ RE-BOOT YOURSELF

앞서 들려준 이야기에서와 같이 항상 메모를 하는 일이나 아침에 일찍 일어나는 일, 어떤 목표를 추진함에 있어 하루하루 새로운 각오를 다져가는 일 등 여러 가지 좋은 습관들이 많이 있다. 좋은 습관들을 찾아 자기의 것으로 만들 수 있다는 것은 곧 자기 발전의 확실한 보증이다. 우리가 어떠한 습관을 가지고 있느냐에 따라 우리 인생이 완전히 달라지기 때문이다.

폭소 다이어트

웃음으로 난관을 타개하라

중종 때 관리를 지낸 임형수는 성격이 쾌활하고 농담하기를 좋아했다. 그가 간신들의 모함을 받아 사약을 받게 되었을 때 그는 형리에게 이렇게 말했다.

"약을 주어 죽이느니 목을 졸라 죽이는 것이 어떠하냐?"

형리는 어차피 죽는 것은 마찬가지이니 좋을 대로 하라고 했다. 임형수는 방으로 들어가 벽에 구멍을 뚫고 노끈을 그 구멍으로 내밀었다.

"내 목을 걸었으니 힘껏 잡아당겨라."

금부 나졸들은 임형수의 숨이 끊어져라 하고 노끈을 힘껏 잡아당겼다. 그러고 나서 문을 열고 들여다보니 뜻밖에도 임형수는 노끈에 목침을 묶어 놓고 그 곁에 누워 껄껄 웃고 있었다.

"내가 평생 해학을 좋아했는데, 오늘 마지막으로 한번 해본 것이니 이해하여라. 이제 진짜로 내 목을 졸라라."

언제부터인가 우리 나라 사람들의 얼굴에서 웃음기가 가시기 시작했다.

일전에 프랑스에 다녀온 친구의 말에 따르면 그곳에서는 한국인들을 '군인의 얼굴'을 가진 사람들이라고 표현한다고 한다. 한마디로 얼굴이 딱딱하게 굳어 표정이 전혀 없다는 것이다.

웃음은 여유에서 나오고 여유는 밝은 마음에서 나온다는 말이 있지만, 그 말의 반대 의미도 성립됨을 명심해야 할 것이다.

웃음에서 여유가 생기고, 여유에서 밝은 마음이 생기는 것이다. 다시 말해서 웃음은 어려운 상황을 타개해나가는 열쇠가 되기도 한다. '웃으면 복이 온다' 는 말은 바로 이를 두고 한 말이다.

성인병은 이름이 그렇듯 아이들에게는 없는 성인들에게만 해당하는 병이다. 그렇다면 아이들이 건강한 이유는 무엇일까? 그것은 바로 잘 웃기 때문이다. 어느 통계에 따르면 아이들은 하루에 150회 가량 폭소를 터뜨리고 400회 정도 미소를 짓는 데 비해 성인들은 하루에 불과 6번 정도 폭소를 터뜨리고 15회 가량 미소를 짓는다고 한다. 더군다나 이것은 미국 사람의 통계이니 한국인은 그보다 덜하면 덜했지 결코 더하지는 않을 것이 분명하다.

한 번 웃는 것을 운동과 비교하면 에어로빅 5분 하는 효과와 맞

먹는다고 한다. 또한 웃음은 부교감 신경을 자극하여 우리 몸에 여러 가지로 유익하다. 우리 인체에서 내장을 지배하는 신경이 바로 자율 신경인데, 이 자율 신경은 교감 신경과 부교감 신경으로 구분된다. 놀람, 불안, 공포, 초조, 짜증은 교감 신경을 과민하게 만들어 심장을 압박하여 상하게 하고, 여러 장기의 활동에 해를 끼친다.

반면에 웃음은 부교감 신경을 자극해 자율 신경을 조화롭게 하고 심장을 천천히 뛰게 하며 우리 몸의 상태를 두루 편하게 해준다. 특히 '배꼽을 뺀다'고 표현하는 웃음, 즉 폭소는 긴장을 이완시켜 주고 혈압을 낮추어 혈액 순환을 도와주며 질병에 대한 저항력을 기르는 데 탁월한 효과가 있다고 한다. 폭소는 상체 운동이 될 뿐만 아니라 위장과 가슴 근육 그리고 심장까지 운동하게 만든다. 더구나 이 때에는 우리 몸에 있는 550개의 근육 중에서 절반이 넘는 231개의 근육이 움직인다고 한다.

◯ RE-BOOT YOURSELF

웃음이 최고의 건강 비결이라는 것은 의학적으로나 과학적으로 이미 입증된 사실이다. 또한 웃음은 개인의 건강뿐만 아니라 사회 전체의 건강을 지키는 최고의 비결이며, 돈이 들지 않는 가장 경제적인 방법이기도 하다. 즉 돈 들지 않는 만병 통치약인 것이다.

스티커에나 붙어 있는 미소를 떼어내 이제 우리의 얼굴에 붙

여야 할 때이다. 그리고 다른 사람에게 웃음을 전해줄 수 있는 재미있는 이야기를 하나쯤 호주머니에 지니고 다녀보자. 그러면 사방팔방 둘러봐도 길이 보이지 않던 어제와는 다른 오늘이 우리 앞에 펼쳐질 것이다. 내가 미소짓지 않으면 행운의 여신도 비껴간다.

모루와 망치

능동적 인간과 수동적 인간의 차이

지금은 민속 박물관 같은 데서나 볼 수 있지만 내가 어렸을 때는 시골 장터에서 쉽게 대장간을 볼 수 있었다. 풀무질로 불을 일으켜 쇠를 달구는 대장장이의 얼굴은 늘 땀방울로 상기되어 있었다. 시퍼런 불에 달구어진 쇳덩이를 쇠토막 받침대인 모루 위에 올려놓고 망치로 두들겨 모양을 내면 그것이 낫도 되고 호미도 되고 칼도 되고 쟁기도 되었다.

망치질을 하는 대장장이가 마치 요술쟁이 같아서 장터에 갈 때마다 그 광경을 한참이나 지켜보곤 했다. 때로는 힘차게, 때로는 가볍고 빠르게 내리치는 망치질에 따라 쇳덩이의 형태가 바뀌면서 생활에 필요한 생활 도구가 되는 광경은 신기에 가깝게 느껴졌다. 모루와 망치의 대조적인 역할도 기억에 남는다. 한 개의 농기구가 만들어지는 과정에서 상호 보완 관계에 있지만 결정적으로 모양을 펴고 구부려 완성된 농기구를 만드는 것이 망치의 몫이라면 모루는 언제나 받침대로서 가만히 맞고 있는 쪽이다. 망치가 능동적이라면 모루는 수동적인 것이다.

사람이 살아가는 모습도 가만히 살펴보면 모루 같은 사람이 있고 망치 같은 사람이 있다. 그 중에서 망치 같은 사람은 늘 활기차고 창조적인 삶을 살아간다.

권투계의 신화적인 흑인 선수 미국의 조 루이스는 갈색 폭격기라는 별명에 어울리게 무서운 공격력으로 헤비급 세계 챔피언을 지낸 선수이다. 그의 경험을 들여다보면 그의 성공 비결을 쉽게 알 수 있다.

사실 성공에는 비결이랄 것이 따로 없다. 누구나 어떻게 하면 성공할 수 있는지 알고 있기 때문이다. 따라서 문제는 생활에 적용하느냐 그렇지 못하냐가 된다.

루이스의 데뷔 시절 이야기이다. 그는 처음 갖는 시합에서 상대 선수가 너무 무섭게 보여 겁을 잔뜩 먹고는 기권하겠다고 말했다.

그러자 코치는 루이스를 붙잡고 타일렀다. "이봐, 루이스. 피하는 게 상책이 아니야. 잘 보란 말야. 상대방도 너를 두려워하고 있어. 네가 두려워서 잔뜩 겁먹은 얼굴이잖아. 그러니까 네가 두려운 마음만 나타내지 않으면 이기는 거야. 게임이 시작되자마자

넌 내 상대가 못 된다는 식으로 덤벼들란 말야. 덤비는 거야. 상
대가 더 겁먹게 말야. 그럼 네가 이길 게 뻔해. 내 말을 믿어.”

코치의 말을 요약하자면 모루처럼 가만히 있지 말고 망치처럼
부지런히 두들겨대라는 것이었다. 결국 그 게임은 조 루이스의 2
회 케이오승으로 끝났다.

조 루이스는 권투 입문 시절의 그 경험을 회고하며 늘 “권투에
서 이기려면 방어하지 말고 공격하라.”고 말했다. 권투에 관한 한
그의 이 말은 승리를 위한 최선의 전략이라고 할 수 있다.

⃝ RE-BOOT YOURSELF

우리네 삶도 따지고 보면 운명이라는 모루와 나라는 망치를 어
떻게 잘 운영하느냐에 그 성공 여부가 달려 있다. 혹시 주체인
우리가 망치를 휘둘러야 하는데 대부분 운명의 손에 망치를 들
려주고 모루처럼 두들겨 맞기만 하는 삶을 살고 있는 것은 아닌
지 살펴보아야 한다.

한 가지 일에 성공한 사람은 다른 일을 해도 똑같이 성공한다.
그 까닭은 성공은 주어진 상황이 아니라 그 일을 하는 사람의
자질에 따라 좌우되기 때문이다.

스스로 자신이 모루의 삶을 살고 있는지 아니면 망치의 삶을
살고 있는지 뒤돌아볼 때이다.

거지와 사업가

자존심과 품위를 지켜라

어느 사업가가 바쁜 걸음으로 길을 가던 중에 길 한쪽에서 연필을 팔고 있는 사람을 보았다. 남루한 옷차림에 꾀죄죄한 행색을 한 그 사람은 앞에다가 바구니 두 개를 나란히 놓고 낡은 돗자리 위에 앉아 있었다. 대부분의 사람들이 '쯧쯧' 하고 혀를 차면서 바구니에 동전을 휙 던져주고 지나쳐 갔다.

그 길을 지나가던 사업가도 처음엔 그저 아무 생각 없이 그 사람의 동전 바구니에 지폐 한 장을 넣어준 뒤 곧장 지하철을 타기 위해 바쁘게 걸음을 재촉했다. 그런데 한참을 걸어가던 사업가가 갑자기 멈춰 서더니 빠른 걸음으로 연필을 파는 사람에게로 다시 돌아갔다. 그러고는 연필이 담겨 있는 바구니에서 자기가 넣어준 지폐에 해당하는 만큼의 연필을 집어들더니 연필을 파는 사람에게 말했다.

"적당한 가격에 상품을 팔고 있는 당신이 나와 똑같은 사업가임을 깜빡 잊었소. 내가 조금 전에 지불한 돈만큼 연필을 가져가겠소."

그런 일이 있고 난 몇 달 후 의젓하고 깔끔하게 생긴 한 세일즈맨이 사업가를 찾아왔다. 그러나 사업가는 자신에게 정중하게 예의를 차려 인사하는 젊은 세일즈맨이 누구인지 좀처럼 생각이 나지 않았다. 사업가는 혹 실례라도 될까 염려하면서 세일즈맨에게 조심스럽게 무슨 일로 찾아왔느냐고 물었다. 그러자 세일즈맨이 환한 미소를 지으며 대답했다.

"저를 기억하지 못하시는 게 당연합니다. 하지만 저는 사장님을 한번도 잊은 적이 없습니다. 사장님이 저를 사업가라고 말해주기 전까지 저는 거지나 다름없었습니다. 그러나 사장님은 제가 다시 자존심을 갖도록 도와주셨습니다. 고맙습니다."

근래에 '백수'라는 말을 자주 접하게 된다. 경제 대국을 향해 치닫던 나라의 거품 경제가 본래의 모습을 드러내기 시작하자 실직자가 많이 늘어나면서 생긴 말이겠지만 왠지 그 말을 들을 때마다 석연치 않은 기분이 들곤 한다. 물론 일시적인 실직 상태에서 모색기에 빠진 젊은이를 두고 하는 말이라면 그들을 위로라도 해야 할 것이다. 그러나 진짜 백수들이 의외로 우리 사회에 만연되어 있음을 보고는 내심 놀라움을 금치 못했다.

당장이라도 현실적인 계산에서 직장을 구하거나 일을 찾는다면 취업이 그렇게 불가능한 일도 아닐텐데 웬만한 일은 거들떠보지도 않는다. 그 때마다 체면이나 품위를 들먹이는 것이다. 정작 품위를 지켜야 할 일에서는 품위를 지키지 못하면서 말이다. 남의 도움으로 하루하루를 연명하면서도 사회적 체면 운운하는 것은 얼마나 아이러니한지 그런 사람들을 생각하다보면 씁쓸한 기분이 든다.

◯ RE-BOOT YOURSELF

세상에는 공짜가 없다는 생각이 한 사람의 자존심을 지켜주는 것이 아닐까. 남에게는 어떻게 보이든 간에 정당한 물건 값을 받는 자존심이 있다면 그는 이미 거지가 아니다. 영세하기는 하나 그도 곧 사업가인 것이다. 같은 처지에서도 스스로 자기 품위를 지키는 사람은 언젠가 발전된 자기 모습을 찾게 마련인 것이다.

그런데도 우리 사회에는 아직 허울 좋은 거지들이 또 얼마나 많은지 모르겠다. 정당하지 못한 수입을 챙기는 거지들 말이다. 정경 유착으로 얻은 거액의 돈을 가지고 자기 삶을 남루하게 만드는 이들을 보면 분노의 마음이 끓는 것과 동시에 그들이 가련해보이는 것은 웬일일까.

3 후회 없는 삶을 살아라

하늘을 나는 아인슈타인

다른 사람과 기쁨을 나누는 지혜

아인슈타인 박사 부부가 미국 캘리포니아의 워너브러더스 영화 촬영소를 방문했을 때의 일이다. 박사 부부가 도착하자 촬영소의 간부와 직원들 그리고 기사와 배우들까지 마중 나와 그들을 환영했다.

박사 부부는 곧바로 촬영실로 안내되었다. 촬영실 천장에는 T형 포드 자동차가 한 대 매달려 있었다. 통역을 맡은 사람이 박사 부부에게 계단을 이용해서 그 자동차에 올라타 보라고 말했다. 그리고 특수 효과 담당인 카메라맨은 자동차에 오르거든 시골길을 드라이브하듯 주위를 둘러보되 뒤에 있는 커다란 스크린은 돌아보지 말라고 당부했다. 그런 다음 몇 사람이 자동차와 연결된 가느다란 철사 줄을 잡아 흔들었다. 아인슈타인 박사는 깜짝 놀라서 핸들을 꽉 움켜잡았다. 부인도 좌석을 꽉 움켜잡았다. 이번에는 대형 선풍기가 돌면서 바람을 내뿜자 박사 부부의 머리카락이 멋지게 뒤로 날렸다. 이윽고 스크린이 어두워지고 조명등과 선풍기도 꺼졌다. 박사 부부는 방금 무슨 일이 있었는지 도무지 모르겠다는 어리둥절한 표정으로 차에서 내렸다.

점심 식사를 대접받은 뒤 박사 부부는 영사실의 귀빈석으로 안내되었다. 영사기가 돌아가자 오전에 박사 부부가 탔던 자동차가 나타났다. 그리고 하얀 배경이 사라지더니 자동차는 나이애가라 폭포 상공을 지나 맨해튼과 뉴욕에 있는 자유의 여신상 위를 획획 날아갔다. 자동차는 계속해서 그랜드캐니언을 빠져 나갔고 구름을 통과한 후에 워너브러더스 상공에서 멈춰 섰다.

이 광경을 지켜보고 있던 박사가 큰소리로 웃음을 터뜨렸다. 그러고는 고개를 절레절레 흔들며 말했다.

"이해할 수 없어요. 우리가 저렇게 날아다니다니. 어떻게 된 거지요?"

영화의 특수 효과에 눈이 휘둥그레진 채 영사실을 나가는 박사의 발걸음은 경쾌했다.

그뿐만이 아니었다. 놀라움을 감추지 않는 박사의 천진스런 모습은 그곳에 있던 사람들에게 전염되어 모든 이들의 얼굴에는 방금 막 재미있는 놀이를 끝낸 어린아이와 같은 웃음이 퍼져 있었다. 그것은 박사가 그들에게 남긴 최고의 선물이었다.

영화의 특수 효과란 어디까지나 시각적인 착각을 이용하는 기교일 뿐이다. 대과학자인 아인슈타인 박사 부부가 나이애가라 폭포 상공을 지나 맨해튼과 자유의 여신상 위를 날아간 것은 필름 합성에 지나지 않는다. 박사 부부가 그것을 모를 리 없다.

그런데도 그는 그 일을 몹시 신기해하고 즐거워함으로써 촬영소에서 일하는 사람들을 격려했다. 그가 달성한 과학 이론의 업적에 비한다면 얄팍하기 그지없는 기술이었지만 아인슈타인은 그들의 노고를 천진스런 놀라움과 따뜻한 웃음으로 치하해마지않은 것이다.

아무리 그가 이룬 업적이 크다 하더라도 아인슈타인이 그들처럼 기상천외한 기술을 사용할 수 있는 것은 아니다. 아무리 대과학자일지라도 그러한 일을 그들만큼 할 수 있으려면 많은 시간과 정력을 투자해야 할 것이다. 그리고 그들처럼 그렇게 기발한 착상이나 기법을 터득할 수 있을 것이라고 장담할 수도 없는 노릇이다. 아인슈타인과 그들에게 주어진 몫이 각기 다르기 때문이다.

우리 사회 전반에 나타난 기이한 현상 중의 하나가 1등주의이다. 내가 무엇을 할 수 있느냐가 아니라 내가 남보다 얼마나 더 잘 하느냐에 따라 능력을 평가받으려는 비교 의식이 그것이다. 경기를 관전해도 1등은 기억하지만 2등은 기억하지 않는 것이 우리의 의식 구조이다. 학교나 사회 전반에 1등만이 최고라는 이상한 풍조가 만연되어 있다. 팀 전체가 이루어낸 성과에 대해서도 그 중 주인공격인 한 사람만이 치하를 받는다. 사람들은 그 팀을 기억하는 것이 아니라 그 중의 한 특정 인물만을 기억한다. 스태프가 아니라 스타를 기억하는 것이다.

분명 인생이 한 사람만을 위한 프로젝트가 아닐 텐데도 1등만 돋보이는 세상이다. 그래서 2등이나 3등이란 뛰어난 성과를 올리고도 열등 의식에 사로잡히게 되는 것이다. 기록에 대한 도전이라는 생각보다 경쟁 논리에 사로잡혀 남을 꺾고 이기기 위해 혈안이 되는 것은 모두가 1등에게만 찬사를 보내기 때문일 것이다.

○RE-BOOT YOURSELF

최고의 천재이면서도 자신을 낮출 줄 아는 아인슈타인의 넉넉한 웃음, 그리고 그런 순수한 웃음을 그대로 받아들여 즐거워하는 대중과의 합일된 웃음. 타인의 노고를 인정해줄 줄 아는 겸허한 웃음을 함께 나눌 때 참으로 살맛나는 세상을 이룰 수 있다.

업적이나 일의 성과가 크고 작음을 떠나서 각기 다른 재능을 서로 인정하는 자세가 필요하다. 또한 인간의 가치는 결과의 크고 작음이 아니라 자기 몫을 얼마나 해냈는가에 따라 평가되어야 한다.

냅킨을 머리에 쓴 사람들

예절은 남을 배려하는 마음에서 저절로 생겨난다

종종 신문이나 방송을 통해 해외 여행객들이 외국에서 기본적인 에티켓을 지키지 않아 국제적인 망신을 당한다는 소식을 접하게 된다. 돈은 물 쓰듯 쓰면서 정작 뒤에서는 손가락질을 당한다는 이야기를 들으면 정말 씁쓸하고 어처구니가 없다.

지금 우리는 젊은 세대로 내려올수록 전통 예법이 빠르게 잊혀지고, 그렇다고 세계화에 발맞춘 국제적인 에티켓을 지니게 된 것도 아닌, 그야말로 '예절의 공황'을 경험하고 있는 것은 아닌지 참으로 염려스러울 때가 많다.

젊은 세대들에게 예절을 강조하면 흔히 케케묵은 소리로 치부당한다. 그러나 이것은 예절의 형식적인 면만을 지나치게 의식해서

듣기 때문이다. 사회 생활을 시작한 젊은 세대들이 가장 고민스러워하는 것이 대인 관계라고 할 때, 이 문제를 해결해줄 수 있는 것이 바로 예절 교육이다. 예절은 사람과 사람의 관계를 어떻게 유지하고 풀어나갈 것인가 하는 방법을 가르쳐준다.

예절의 형식은 시대에 따라 변하게 마련이지만 예절의 내용은 결국 삶을 풍요롭게 하는 일과 다른 사람과 더불어 살며 남을 배려하는 데에 있다.

예절의 기준은 자신에게 있다. 상대방이 잘하기를 기대하기 전에 자신부터 잘하려는 노력이 있어야 한다. 상대방에게 친절하고 감사하는 생활, 자신만이 아니라 상대방과의 관계에서 자신을 생각하고 다른 사람에게 도움이 되도록 하는 것이 예절을 지키는 생활의 기본이다.

인간은 누구나 욕구를 가지고 있고 그 욕구에 따라 행동하려 한다. 이 때 개인적인 욕구는 타인의 욕구와 충돌하게 마련이다. 그러나 개인적인 욕구는 바로 예절을 통해서 조정되고 다른 사람의 욕구와 조화를 이룰 수 있다. 아름다운 인간 관계는 자기의 마음과 태도에 달려 있다.

다음은 1970년대 초의 이야기이다.

두 젊은이가 오랜 연애를 한 끝에 결혼을 약속하여 양가 부모를 모시고 상견례를 하기로 하였다. 당시에 상견례는 주로 호텔 레스토랑에서 했기에 이들 또한 예외 없이 호텔의 레스토랑에서 만나기로 약속했다.

신부 쪽 부모는 평생을 시골에서 지낸 어른들이라 좀처럼 서울에 올라올 기회도 없었을 뿐더러 호텔 레스토랑도 난생 처음이라서 신부 될 사람의 걱정이 이만저만이 아니었다. 때문에 여자는 부모님께 포크와 나이프의 사용법을 자세히 설명해주었다.

양가 부모의 상견례가 끝나고 식사를 하게 되었다. 여자는 혹시 나이프를 서툴게 사용하지 않을까, 포크를 잘못 사용하지 않을까 걱정하였지만 정작 사고는 다른 데서 일어났다. 여자의 아버지가 식탁에 멋을 내어 세워놓은 냅킨을 보자 격식을 차려 의젓하게 머리에 쓴 것이다. 자리가 자리인 만큼 예절을 갖추기 위해 놓아둔 모자쯤으로 착각을 했던 것이다. 신랑측 가족들은 말할 것도 없고 여자도 갑작스런 사태에 어찌할 바를 몰랐다.

상견례 자리가 웃음판으로 바뀌거나, 여차하면 혼사가 깨질지도 모를 판국이었다. 그 때 잠시 망설이고 있던 신랑 될 청년의 아버지가 신부 아버지가 한 것처럼 냅킨을 머리에 쓰고는 식사를 시작했다. 처음엔 당황했던 다른 식구들도 이내 청년 아버지의 속뜻을 알아채고는 아무 일도 없었다는 듯이 즐겁게 식사를 했다.

이 이야기는 우리에게 진정한 예절이란 어떤 것인지 분명하게 가르쳐준다. 예절이란 단순히 표면적이고 형식적인 규칙을 따르는 것을 의미하는 것이 아니라, 상대방의 인격을 존중하고 배려하는 마음과 자신의 뜻을 무리 없이 전달하는 방법임을 깨닫게 하기 때문이다.

◯RE-BOOT YOURSELF

예절은 한 사회가 얼마만큼 건강한지를 판별하는 리트머스 종이와 같다. 개인의 올바른 예절이 가정의 화합을 가져오고 나아가 사회 질서를 이루며, 또 건강한 나라를 만든다.

우리 사회가 점차 세계화되고 급작스레 변화하는 까닭에 자칫 우리가 전통적인 미덕으로 계승해온 예절에 대해서도 혼란을 겪을 수 있다. 그러나 중요한 것은 변화하는 형식보다도 남을 배려하는 마음이다. 이런 것만 염두에 둔다면 어떠한 상황과 변화 앞에서도 올바른 가치관과 세계관을 지켜나갈 수 있을 것이다.

전 정말 행복한 놈입니다

사랑이 세상을 바꾼다

해가 갈수록 세상이 깨끗해지기는커녕 하루하루 뉴스를 접할 때
마다 가슴이 철렁 내려앉는 충격적인 소식만 듣게 된다. 아버지를
죽인 아들, 학교 폭력이 두려워 자살을 선택한 아이들, 아이를 유
괴하고 죽이기까지 한 청년…….

이제는 상식을 넘어서 상상하기도 힘든 사건들이 벌어지고 있는
판국이다. 세상이 좋은 쪽으로 나아가는 게 아니라 점점 악으로
물들어가는 게 아닌가 하는 두려움이 앞선다. 그러나 이러한 현상
을 악행은 머릿기사로 싣고 선행은 겨우 1단짜리 기사로 실어 독
자들에게 자극과 충격을 주는 일부 지각없는 매스컴의 탓으로 돌
리는 이들도 있다.

사회 악을 없애기 위해 우리는 악한 일을 한 사람을 처벌한다. 그러나 처벌만으로 세상의 악을 모두 없앨 수는 없다. 악을 없애는 진정한 방법은 악을 선으로 갚는 것이다.

아무리 나쁜 악인이라도 착한 면을 가지고 있기 마련이다. 이 세상에는 백 퍼센트 좋은 사람도, 백 퍼센트 나쁜 사람도 있을 수 없다. 최고의 순도라는 순금도 99퍼센트에 지나지 않는다. 완벽한 순금이란 존재하지 않는 것이다.

몇 년 전 세상을 경악시킨 지존파 사건을 모두 기억할 것이다. 보통 사람으로서는 도저히 상상할 수도 없는 흉악무도한 범죄를 저지른 그들이 사형을 선고받고 감옥에서 죽음을 기다리는 동안 형사에게 보낸 편지가 있다.

'저희로 인해 돌아가신 분들의 영령을 위해서 참회의 기도를 드리며 지금은 후회와 뉘우침으로 하나님께 용서를 빌고 있습니다. 셔츠, 양말을 무수히 많이 받았습니다. 어떤 아저씨들은 주일마다 오셔서 영치금과 편지를 넣어주십니다. 글로 표현은 못하겠지만 전 정말 행복한 놈입니다. 마지막 삶에서 사랑을 너무 많이 받아 몹시 기쁩니다. 범죄를 저지른 불쌍한 이들에게 사랑을 가르쳐주십시오.'

사랑은 자신들이 어떤 짓을 저질렀는지도 모르는 도덕 불감증에 걸린 지존파를 참회하게 하고 올바른 길을 걷도록 만들었다. 만약 범죄를 저지르기 전부터 이들이 주위로부터 이러한 사랑과 관심을 받았다면 그토록 엄청난 사건은 일어나지 않았을 것이다.

홍일식 전 고려대 총장이 미국에 갔을 때의 일이다.

하루는 한국인 식당에서 식사를 하게 되었는데, 식당에 손님이 많은 것을 보고 그는 주인에게 넌지시 "장사가 잘되지요?"라고 물었다. 그러자 주인이 갑자기 어두운 표정을 지으며 "장사가 잘 되면 뭐합니까?"라고 대답하면서 한숨을 지었다. 사연인즉슨 그 지역 흑인 불량배들이 이틀이 멀다 하고 찾아와 행패를 부리고 돈을 빼앗아 간다는 것이었다.

사정을 듣고 난 홍 총장은 궁리 끝에 주인에게 한 가지 방법을 제안했다. 특별한 날을 정해놓고 노부모를 모시고 오는 흑인에게는 원하는 만큼의 음식을 무료로 제공하면서, 부모를 공경하는 것이 한국의 오랜 전통임을 그들에게 알려주라는 것이었다. 그러나 그런 방법이 통할 리가 없다고 생각한 주인의 반응은 시큰둥했다고 한다.

몇 년 뒤, 미국을 다시 방문한 홍 총장이 그 음식점을 찾았을 때, 음식점 주인은 그를 무척 반기면서 그간의 일을 자세히 얘기해주었다. 흑인들의 횡포가 날로 심해지자 주인은 자포자기하는 심정으로 홍씨의 제안을 실행해보았다고 한다. 포스터를 붙이고 광고를 내어 그 행사를 널리 홍보한 것이다. 행사 당일이 되자 식당 안은 노부모를 모시고 온 흑인들로 가득 찼다. 주인은 약속대로 음식을 무료로 제공했는데 반응이 엄청나게 좋아 그 후로는 아예 그 행사를 연례 행사로 만들었다는 것이다.

그 일 이후 흑인들이 행패를 부리지 않게 된 것은 물론이고 다른 지역의 흑인들이 들어와 행패를 부릴 때면, 그 지역 흑인들이 달려와 보호해주기까지 했다고 한다. 악을 선으로 갚음으로써 적을 친구로 변화시킨 것이다.

○RE-BOOT YOURSELF

밑천이 들지 않으면서도 가장 확실한 투자는 다름 아닌 선행이고 사랑이다.

이것은 개인뿐 아니라 단체나 기업에 있어서도 마찬가지이다. 가장 왕성한 활동과 놀라운 성과를 보이는 집단을 분석해보면 어김없이 그 근저에 사랑이 자리하고 있다는 사실을 알 수 있다.

다른 사람을 심판하고 단죄하는 것이 아닌 사랑하고 이해하는 것이 우리의 몫인 것이다.

칭찬하는 휴지통

한 마디의 칭찬이 타인의 잠재력을 일깨워준다

진나라 사람 예양은 지모와 용기를 지녔으나 그를 알아주는 사람이 없어 그럭저럭 세력가의 주위에서 세월을 보내고 있었다. 그러다가 지백의 휘하에 들게 되었는데, 지백은 한눈에 그의 재능을 알아보고 극진히 대접하는 것은 물론 그의 사람됨을 높이 평가하여 매우 아껴주었다. 그러던 중 지백이 살해당하는 일이 벌어졌다. 이에 예양은

"사나이는 자기를 알아주는 사람을 위해 죽고 여인은 자기를 기쁘게 하는 이를 위하여 얼굴을 꾸민다."라며 지백의 원수를 갚고자 결심했다. 한마디로 자기를 인정해준 사람에게는 목숨까지 바치는 인간의 단면을 보여주는 예화이다.

인간이라면 누구나 주위 사람들로부터 인정받기를 원한다. 이것은 다른 동물과 구별되는 인간의 중요한 행동 양식의 하나로, D. 카네기는 이것을 "상대방이 자신의 중요성을 느끼도록 만드는 것"이라고 말했다.

이러한 인간적 특성을 이해할 수만 있다면 대부분의 갈등은 피할 수 있으며 스스로의 삶을 윤택하게 만들 수 있다. 인정받고 갈채를 받으며 또 알아주며 존중해주는 것을 싫어할 사람은 아무도 없기 때문이다. 자기가 이 세상에서 중요한 존재라는 사실을 느끼고 싶어하고 인정과 아낌없는 칭찬을 받고 싶어하는 것은 인간의 공통된 마음이다.

네덜란드의 한 도시는 쓰레기 문제로 골치를 앓고 있었다. 과거에 그 도시는 매우 깨끗했다. 그런데 사람들이 쓰레기를 아무 곳에나 버리기 시작하면서 점점 지저분해졌던 것이다. 사태를 해결하기 위해 시청의 청소과에서 도시를 깨끗하게 할 방안을 강구하게 되었다.

"어떻게 하면 시민들이 쓰레기를 함부로 버리지 않게 만들 수 있을까?"

청소과 직원들이 머리를 맞대고 토론하기 시작했다.

"쓰레기를 버릴 경우 벌금을 25길더에서 50길더로 올려 받는 것이 어떨까요?"

누군가 벌금을 올리자는 의견을 내놓았고 즉시 시행되었다. 그러나 이 방법은 별로 효과를 거두지 못했다. 청소과 직원들은 다시 토론을 벌였고 이번에는 단속반원의 수를 늘리자는 의견이 채택되었다.

단속반원이 늘어났고 쓰레기를 버리는 사람에게 많은 벌금이 부과되었다. 처음에는 효과가 있는 것 같았으나 시간이 흐르자 이 방법도 크게 효력을 발휘하지 못했다.

청소과 직원들은 다시 고민에 빠졌다. 그 때 누군가가 엉뚱한 아이디어를 내놓았다.

"시민들이 휴지통에 쓰레기를 버리면 그 대가로 돈을 주는 겁니다. 휴지통에 전자 감응 장치를 달아 쓰레기가 들어갈 때마다 돈을 내주도록 하는 겁니다."

당연히 이 의견은 매우 비현실적이었다. 하지만 이 엉뚱한 생각은 지금까지의 청소과 직원들의 생각을 180도 전환시켰다.

청소과 직원들은 쓰레기를 함부로 버리는 사람을 벌주는 대신에 쓰레기를 휴지통에 버리는 사람에게 상을 주자는 생각을 하게 되었던 것이다. 그렇다면 어떤 상을 줄 것인가. 청소과 직원들은 모여 앉아 열심히 생각해보았다. 그래서 나오게 된 것이 말하는 휴지통이었다. 시청 청소과는 휴지통 뚜껑에 감응 장치를 하여 녹음기가 작동하도록 만들었던 것이다.

쓰레기가 들어갈 때마다 녹음기에서는 칭찬의 말이나 재미있는 이야기들이 흘러나왔다. 그리고 녹음 내용은 이 주일에 한 번씩 새로운 것으로 바뀌었다. 이 휴지통은 시민들에게 커다란 호응을 얻었다. 사람들은 재미있는 휴지통에 앞을 다투어 쓰레기를 버렸고 도시는 다시 깨끗해졌다. 처음에는 단순히 호기심과 재미 때문에 휴지통을 찾았지만, 차츰 환경에 대한 자각과 양심을 회복했기 때문이다.

이 일화는 칭찬이 가지고 있는 위력을 단적으로 보여준다. 사람들에게 벌을 주는 것은 쉬운 일이다. 하지만 사람들로 하여금 자발적으로 행동하게 만드는 것은 어려운 일이다. 억지로 시키는 일은 결코 오래가지 않기 때문이다.

◯ RE-BOOT YOURSELF

사람에게는 그 나름대로의 장점이 있기 마련이다. 이 장점을 찾아 칭찬하고 격려하는 것은 듣는 이로 하여금 자신의 존재 가치를 인식할 수 있는 기회를 주는 것이다. 또한 한마디의 칭찬이나 격려는 상대방도 잘 알지 못하는 스스로의 잠재력을 일깨워주는 역할을 하기도 한다.

또한 다른 사람의 장점을 찾으려 노력한다는 것은 자신의 인간됨을 보다 풍요롭게 만들고 보다 많은 것을 사랑할 수 있는 능력을 키우는 일이기도 하다.

칭찬은 비용이 들지 않으면서도 인간 관계를 부드럽게 해주는 윤활유와 같은 것이다. 여태까지 칭찬에 인색했다면 오늘부터라도 주위 사람들을 칭찬해보자. 인생이 훨씬 더 행복해질 것이다. 그러나 명심해야 할 것은 칭찬에는 반드시 진실이 담겨 있어야 한다는 것이다.

호감을 주는 사람

관심을 기울이면 호감을 얻는다

세일즈맨 사회에서는 '상품을 팔기 전에 자신을 팔라'는 말을 자주 쓰고, 목회자 사회에서는 '목사가 되기 전에 인간이 되라'라는 말을 자주 한다. 목사의 경우에는 '인격'이 강조되고 세일즈맨의 경우는 '호감'이 중요함을 나타내는 말이다.

인격과 호감은 별개이다. 성질이 급하다든가 화를 잘 낸다든가 해서 인격적으로는 덜 성숙된 듯이 보이거나 조금 무식해도 호감은 받을 수 있다. 호감이란 말 그대로 사람에 대한 좋은 감정이기 때문이다.

그렇다면 어떤 사람이 호감을 주는 사람일까?

바로 사람들의 관심을 끄는 사람이 호감을 주는 사람이다. 전혀 싸움이 없는 부부보다는 가끔씩 싸우는 부부가 좋은 관계를 유지한다는 말이 있다. 상대방에 대한 관심이 없으면 싸울 일도 없기 때문이다. 이러한 관계는 친구 사이에도 마찬가지이다.

그렇다. 관심이 없으면 호감도 생기지 않는다. 상점에 가서도 주인이 상품을 파는 데만 골몰해 있으면 기분이 상해 다른 상점으로 가는 경우가 있다. 그러나 물건을 파는 일보다 고객에게 관심을 보이면 왠지 그 상점에는 별로 구매할 일이 없을 때에도 들르고 싶어진다. 막연하게 들렀다가 결국 이것저것 상품을 구매하게 된다.

이러한 고객 심리를 적절히 이용하여 크게 성공한 기업이 바로 일본을 대표하는 전자제품회사 '소니'이다.

소니가 미국 시장을 개척할 때의 일화를 살펴보자.

소니의 모리 회장은 미국에 입국하자마자 제일 먼저 브로드웨이로 가서 뮤지컬을 관람하였다. 당시 미국에서 인기가 높은 뮤지컬을 보아두었다가 사업 관계로 사람들을 만날 때 화제로 삼으려는 전략이었다. 동양에서 온 키 작은 일본인이 미국 뮤지컬에 그토록 관심이 많다는 사실이 미국인들에게 어필하지 않을 수 없었다. 결국 쉽게 호감을 얻어 일본이 미국 시장을 점유하기 위한 발판을 만들 수 있었다.

부부의 관계도 이와 마찬가지이다. 낯모르는 두 남녀가 어떻게 하여 평생을 동고동락하는 부부가 될 수 있는 것일까. 처음 만났을 때 남다른 관심이 느껴져 호감을 얻기 위해 애쓰고 끊임없이 접근하였기에 부부로 맺어지게 되는 것이다. 친구를 사귀고 세상을 살아가는 일도 예외는 아닐 것이다. 이처럼 상대에 대한 관심을 갖는 일이 호감을 얻는 계기가 된다.

우리가 사회 생활을 하자면 어차피 다른 사람과 관계를 갖게 되기 마련이다. 적보다는 동지를 곁에 많이 두는 것이 인생을 풍요롭게 하는 방법임을 생각할 때 결코 소홀히 넘어갈 문제가 아니다.

유명한 사상가 슈라이에르마하에게 어떤 사람이 물었다.

"선생님의 강의를 들으러 오는 사람들은 어떤 이들인가요?"

이 말에 슈라이에르마하는 주로 학생과 젊은 여성과 군인들이라고 대답했다.

그러자 그 사람은 그 이유를 물었다.

두번째 질문에 슈라이에르마하는 빙긋이 웃어 보이며 겸손한 어조로 대답했다.

"그야 간단하지요. 학생들은 내가 시험관이니까 오는 것이고, 젊은 여성들은 남학생들에게 관심이 있어서 오고, 군인들은 젊은 여자들 때문에 오는 것이지요."

풍자성이 짙은 그의 말처럼 관심이 있는 곳에 사람들이 모이게 마련이다. 그리고 관심이 끌리는 사람에게 호감이 느껴지는 것이다.

그러므로 타인에게 관심을 갖지 않는 사람은 자신의 삶을 고달픈 쪽으로 몰아가게 된다. 그런 사람은 자신도 타인의 무관심 속에 있게 되고 정도가 심하면 남의 짐이 된다. 현실 세계에서 인간

이 빚어내는 실패의 대부분도 그런 사람들이 연출하는 것이라고
할 수 있다.

◯ RE-BOOT YOURSELF

행복한 삶을 위하여 또는 성공적인 삶을 위하여 남에게 관심
을 기울이는 일이야말로 우리가 갖추어야 할 필수 덕목 중 하나
라고 할 수 있다.

그것은 마치 누군가에게 사랑받으려면 먼저 그 사람을 사랑하
라는 평범한 교훈과도 일맥상통하는 말이다.

상대로부터 호감을 얻으려면 먼저 주저하지 말고 그 사람에게
관심을 나타내야 한다.

스낵의 대명사 포테이토칩

타인의 비평을 거울 삼아라

아메리카 인디언인 조지 크램은 뉴욕 주의 휴양지인 사라트가 스프링스 지방의 한 레스토랑에서 요리사로 일하고 있었다.

그러던 어느 날 까다로운 식도락가로 소문난 한 손님이 그가 일하는 레스토랑으로 저녁 식사를 하러 왔다. 이 손님은 음식이 자기 입맛에 맞지 않으면 몇 번이라도 다시 요리하라고 한다는 것을 익히 알고 있던 조지는 여느 때보다 특별히 신경을 써서 요리를 만들어 내보냈다. 그런데도 그 손님은 자기가 주문한 프렌치 프라이가 너무 두껍다며 다시 요리해달라고 했다. 손님이 짜증까지 내는 바람에 조지는 몹시 자존심이 상했지만 이번에는 감자를 조금 얇게 썰어서 튀겼다. 그럼에도 불구하고 손님의 불평은 여전했다.

자신의 요리 솜씨에 자부심이 대단했던 조지는 손님의 계속되는 불평에 슬며시 화가 났다. 그래서 이번에는 손님을 골탕먹이려고 감자를 아주 얇게 썰어서 포크로 찍어 먹을 수 없을 정도로 바삭바삭하게 튀겨 내보냈다.

그런데 손님의 반응은 의외였다.

"음, 아주 좋은데요. 내가 원하던 게 바로 이거였소."

노릇노릇하게 잘 튀겨진 얇고 연한 갈색의 이 감자 튀김이 뜻밖에도 손님의 입맛을 돋운 것이다. 그뿐만이 아니었다. 다른 손님들까지 그 감자 튀김을 주문하기 시작했다.

얼마 후 이 포테이토칩은 이 레스토랑의 특별 요리로 소문이 나서 포장 판매를 할 정도로 인기를 끌었다. 까다로운 손님의 입맛에 맞추려고 궁여지책으로 만든 요리가 히트를 친 것이다. 이 포테이토칩은 그 후에 세일즈맨인 허먼 레이가 남부 지방에까지 판매하기 시작하면서 오늘날 스낵의 대명사가 되었다.

대부분의 사람들은 비평이나 비난을 받기보다 칭찬 받기를 더 좋아한다. 비평이나 비난의 합당함을 헤아려보기도 전에 불쾌한 감정에 휩싸이곤 한다. 논리적이기보다 감정적인 동물인 까닭이다. 사람들이 덕목으로 치는 논리란 것은 감정이라는 깊고 어두운 풍랑 위에 떠 있는 작은 배와도 같이 위태롭기만 하다.

누구나 자신의 삶을 뒤돌아보면 한두 번쯤 타인의 비평을 무시하여 모처럼 계획했던 일에 실패하거나 호기를 놓친 경험이 있을 것이다. 소인은 작은 비평에도 화를 내지만, 대인, 곧 현명한 사람은 자기를 비난하고 공격하는 사람으로부터도 무엇인가를 배우려고 한다는 말이 있다. 그러므로 우리는 타인의 비평을 겸허하게 받아들이려는 태도가 때론 필요하다. 받아들이기에 따라서 그것은 우리의 삶에 플러스 요인으로 작용할 것이기 때문이다.

포테이토칩이 스낵의 대명사가 된 것도 결국 까다로운 손님의 비평 속에 담긴 플러스 요인, 새로운 아이디어에서 비롯된 것이다.

◯ RE-BOOT YOURSELF

사람들은 대부분 누군가가 자신을 향해 '바보 자식'이라고 욕한다면, 대뜸 화가 치밀어 상대에게 욕설을 퍼붓거나 싸움을 걸기라도 할 것이다. 그런데 링컨은 그러지 않았다. 링컨이 대통령으로 재직하던 남북 전쟁 당시 육군 장관 에드워드 M. 스탠턴이 링컨을 가리켜 '바보 자식'이라고 욕설을 퍼부은 적이 있다. 스탠턴은 자신의 소관 업무에 링컨이 지나치게 깊이 관여한 것에 분개했던 것이다. 그러나 이 사실이 링컨에게 전해졌을 때 링컨의 태도는 의외였다. 다른 사람들이 염려한 것과는 달리 오히려 온화한 태도로 "만일 스탠턴이 나를 바보 자식이라고 말했다면 내가 필시 바보 같은 짓을 한 모양이군. 평소에 그가 하는 말은 거의 틀림이 없었으니 내가 직접 확인해야겠어."

링컨은 그 길로 곧장 스탠턴을 찾아갔다. 스탠턴은 링컨이 내린 명령이 잘못되었다는 것을 납득시켰고, 링컨은 기꺼이 그의 직언을 받아들였다. 타인의 비평을 거울 삼아 자신의 삶에 자칫

커다란 오점을 남길 뻔한 위기를 모면한 지혜는 늘 우리를 감동
하게 한다.

후회 없는 인생의 선택

직업의 선택이 인생을 좌우한다

'전기의 마술사'로 일컬어지는 제너럴 일렉트릭사의 찰스 스타인메츠가 어느 날 신문 기자와 면담을 가졌다.

"성공할 수 있는 젊은이와 그렇지 못한 젊은이를 구분할 수 있는 기준은 어디에 있습니까?"

이와 같은 신문 기자의 질문에 스타인메츠는 이렇게 대답했다.

"직업을 생계 수단으로 생각하는 젊은이는 언제나 정체되고 맙니다. 그러나 항상 자기가 하는 일을 좋아하고 흥미를 갖고 일하는 젊은이는 자기도 모르는 사이에 발전해나갑니다."

스타인메츠는 자기의 적성에 맞는 직업을 선택하는 일이야말로 성공의 지름길임을 강조하고 있다.

흔히 성공한 사람들은 자신의 직업에 만족하고 있으며 그것을
천직으로 여긴다고 말한다. 그런데 대부분의 사람들은 당장 먹고
살 일이 급한데 이것저것 가릴 여유가 어디 있느냐고 말한다. 따
라서 직업은 주어지는 것이며, 성공과 실패는 오직 운이나 노력에
달려 있다고 생각한다.

하지만 직업의 선택이야말로 자신의 인생을 결정하는 가장 중대
한 일이라고 해도 지나치지 않을 것이다. 인생을 풍요롭고 멋지게
사는 문제가 여기에 달려 있기 때문이다. 직업 선택의 문제를 두
고 운명론자처럼 수수방관할 수는 없다.

직업 선택에 대하여 나는 서슴없이 이렇게 권하고 싶다. 무엇보
다도 자기가 가장 즐겁게 할 수 있는 일들을 찾아보고 그 방면에
서 직업을 고르라고 말이다. 대부분의 사람들이 직업을 선택할 때
소득을 가장 중요하게 여기는 것은 예나 지금이나 크게 다르지 않
다. 시대에 따라 대중의 인기를 누려온 직업도 크게는 수익성에
의해 좌우된다고 해도 과언이 아니다. 요즘 들어 많은 젊은이들로
부터 선망의 대상이 되고 있는 스포츠맨이나 연예인도 우선 관심
의 대상이 되는 것은 수억대의 연봉이다.

적성이나 보람을 살피기보다 먼저 관심을 갖고 묻는 첫마디가
"그래, 월급은 얼마나 준대?" 하는 식이다. 물론 직업이 소득과
직결되는 문제이고 보니 당연한 일일지도 모른다. 그러나 소득 면
에서 생각해보더라도 긴 안목에서 생각하면 무엇보다도 본인에게
일을 통한 성취도가 높은 직업인가 낮은 직업인가를 체크하는 것

이 순서일 것이다. 직업은 단거리 경주가 아니라 장거리 마라톤 경주와 같은 것이기에 일을 통한 자신의 발전이 없다면 그 사람은 곧 남에게 뒤쳐지고 스스로도 불행한 나날을 보내게 될 것이다. 일을 통한 성취감이나 만족도가 높아야 훗날 소득뿐 아니라 삶의 보람도 얻게 될 것이다. 우리가 원하는 후회 없는 삶은 여기서 비롯된다고 해도 지나친 말이 아니다.

로댕은 다음과 같이 말했다.

'현대인의 가장 큰 결점은, 자기 직업에 애착을 가지지 않는 것이다. 모든 인간이 직업을 혐오스러운 일이자 저주스러운 고역으로 생각하고 있다. 그러나 직업은 생활의 방편이 아니라 생활의 목적이다. 일한다는 것은 인생의 가치이며, 인생의 환희이며, 인생의 행복인 것이다.

◯ RE-BOOT YOURSELF

직업을 선택할 때 신중하지 못한 이들을 보면 안타깝기 그지없다. 이 문제야말로 자신의 선택에 의한 자신의 결정이어야 할 것이다. 자신의 능력이나 적성을 스스로 체크하고 자신이 어떤 분야에 종사하겠다는 큰 방향이 결정되면 그 방면에 종사하는 실무자들을 일일이 찾아가 면담을 하거나 충분한 자료 조사를 통해 자신 있는 첫걸음을 내딛어야 할 것이다.

일생을 바칠 직업인 만큼 성급한 판단에서 비롯되는 후회가 없도록 자신감이 생길 때까지 충분한 시간을 할애하여 몇 주일이나 몇 달이 걸리더라도 신중하게 생각해야만 한다.

그러나 만약 자신의 선택에 실수가 있었다면 일단 선택한 직업을 바꾸기가 어렵더라도 하루 빨리 원하는 직업으로 전환하는 것도 서슴지 말아야 한다. 자신에게 가장 적합한 일을 찾게 되면 자연히 흥미를 갖고 참여하게 되어 전보다 몇 갑절 발전된 자신의 모습을 발견하게 될 것이다. 필요하다고 판단되면 새로운 환경을 극복할 용기와 과감한 모험 정신으로 결단을 내려야 한다.

마지막 시

열정과 혼신의 힘을 다하는 투지

영화 〈일 포스티노〉에서 시인 네루다와 아름다운 우정을 나누는 가난하고 순박한 우체부 마리오 역을 맡은 주인공 마시모 트로이지는 영화를 촬영하는 동안 내내 자리에 앉아서만 지냈다. 평소부터 좋지 않았던 심장 때문이었다. 그는 연신 이마에 맺히는 땀방울을 닦아내며 촬영장 한쪽 구석에서 가쁜 숨을 내쉬었다. 하루에도 몇 번씩 쓰러졌고 영화 촬영 후반에는 제대로 걷지도 못할 정도로 쇠약해졌다. 보다 못한 제작진들이 촬영을 중지하는 한이 있더라도 수술을 받으라고 했지만 트로이지는 힘든 기색을 보이지 않으려 애쓰면서 촬영을 끝마친 후에 수술을 받겠다고 고집을 부렸다.

작고 깡마른 몸집, 슬프디 슬픈 얼굴, 한없이 안으로만 꺼져 들어가는 가냘픈 목소리로 순박한 우체부 마리오 로플로 역을 열연하는 트로이지의 연기는 다름 아닌 바로 자신의 사랑과 슬픔 그리고 진실 그 자체였던 것이다. 제작진들의 따뜻한 배려와 트로이지의 혼신의 노력으로 마지막 촬영을 마쳤을 때 트로이지는 감독에게 이렇게 말했다.

"잘해내지 못해 미안합니다. 우리 앞으로 영화 다섯 편만 더 같이 합시다."

그러나 그 때는 이미 트로이지 자신은 물론 다른 제작진들 역시 그의 죽음을 어렴풋이 예감하고 있었다.

결국 카메라 앞에서 마지막 혼을 불사른 마시모 트로이지는 안타깝게도 촬영이 끝난 지 12시간 만에 숨을 거두고 말았다.

〈일 포스티노〉에서 마시모 트로이지가 혼신을 다해 연기한 우체부 마리오는 죽기 전까지 시라고는 단 한 편밖에 쓰지 못할 뿐 아니라 그나마 발표할 기회조차 얻지 못한다. 그러나 최후의 순간까지 영화에 대한 열정을 불사르고 조용히 사라져간 영화 배우 마시모 트로이지의 죽음이 한 편의 시가 되어 많은 사람들의 가슴을 잔잔하게 적신다.

언젠가 가수 윤복희가 TV 대담에서 생이 다할 때까지 무대 위에서 노래 부르다 죽는 것이 소원이라고 말하는 것을 들은 적이 있다. 자그마한 체구에서 쏟아내는 그녀의 노래가 가슴에 큰 울림으로 와 닿는 것도 그 말과 무관하지 않으리란 생각이 들었다. 삶에서 남다른 시련을 겪으면서도 한 번도 무대를 떠나지 않는 프로 근성을 지닌 그녀에게 있어서는 무대 위에서의 임종이야말로 가장 아름다운 귀결일 것이다.

세상을 환히 밝히기 위해 마지막 한 방울까지 아낌 없이 몸을 사르는 촛불 같은 열정이 있어야 할 것이다. 그런 삶이라면 시련은 있어도 실패는 없다.

○RE-BOOT YOURSELF

심리학자들은 열의를 가지고 일을 할 때에는 그렇지 않은 경우에 비해 10분의 1정도밖에 피로를 느끼지 않는다고 한다. 죽음을 눈앞에 둔 트로이지가 연기를 끝까지 해낼 수 있었던 것도 바로 영화에 대한 그의 열정 때문이었을 것이다. 하지만 문제는 흥미를 느끼지 못하는 일에 어떻게 열의를 내느냐 하는 것이다. 그러나 아무리 싫은 일이라도 생각을 바꾸어 어차피 해야 될 일이라면 최고로 잘 해보겠다고 욕심을 부리면 사정은 달라진다. 억지로 흥미를 만들어낼 수는 없지만 최고가 되겠다는 욕심을 부리는 것은 마음먹기에 달려 있으므로 자연히 일에 애착을 가지게 될 것이다.

이번이 마지막이라는 비장한 각오로 자신이 하는 일에 매달릴 때 더욱 뜨거운 열정과 함께 누구에게나 오래 각인될 수 있는 뚜렷한 족적(足跡)을 남기고 싶다는 의욕이 생기게 될 것이다.

언제 어느 때 닥칠지도 모를 죽음을 눈앞에 둔 사람의 자세로

최선을 다할 때 일의 성과가 배가되는 것은 두말 할 필요도 없
다.

보잘것 없는 일

가치 있는 일은 사람이 만든다

직장인들을 대상으로 한 설문 조사에서 '당신은 지금 하는 일에 만족합니까?' 라는 질문을 한 결과, 만족한다는 대답은 20퍼센트에 불과했다고 한다. 그렇다면 나머지 80퍼센트는 매일 마지못해 일하는 셈이다.

마지못해 하는 일에서 보람을 찾을 수 없는 것은 당연하다. 또 그러한 삶에서는 행복을 찾기 힘들 것이다. 그렇게 생각할 때 직장인 가운데 80퍼센트는 불행한 삶을 살고 있다고 한다면 지나친 단정일까?

다음은 여성용품을 생산하는 어느 회사의 창립자에게서 들은 이야기이다.

그는 자신이 회사를 차린 지 얼마 되지 않았을 때 우수한 성적으로 입사한 어느 여직원에 대해 매우 실망하였다. 그는 그녀에게 기대를 걸고 남몰래 지켜봤으나 입사한 지 3개월쯤 지나자, 어딘지 모르게 우울한 얼굴이 되고 그 다음부터는 눈에 띄게 지각이나 결근이 잦아졌다.

그녀에게 기대를 걸었던 그는 그녀를 조용히 불러 이유를 물었다. 그녀는 복사를 하거나 차를 날라야 하는 보잘것없는 일에 신경을 쓰다보니 최근에는 일조차 시들한 생각이 들어 회사에 나와도 재미가 없다고 대답했다. 그는 과장을 불러 그녀에게 좀더 중요한 일을 시켜보라고 지시했다. 과장은 무어라고 말할 듯하다가 곧 그러겠노라고 대답했다.

얼마 후 그녀는 과장의 전임 보조 역할을 맡게 되었다. 그녀는 크게 기뻐하며 사장에게 고맙다는 인사를 했다. 그러나 얼마 후 그녀는 다시 우울한 표정을 짓기 시작했다. 그런데 이번에는 과장이 찾아와서 그녀는 전임 보조라는 직위에 적합한 인물이 아니라고 말했다. 그가 이유를 묻자 그녀는 동료들에게 과장이 하는 일이 그렇게 시시한 것인 줄 몰랐다고 거침없이 말하는 것은 물론 자신의 불만을 노골적으로 드러내기까지 한다는 것이었다.

그는 그녀를 다시 불러 이야기를 들어보았다. 과연 과장의 말대로, 그녀는 보조의 일이 예상 외로 보잘것없는 일이었다면서 만일 가능하다면 남자 직원과 마찬가지로 자기 혼자서 할 수 있는 일을 맡고 싶다고 했다.

그는 어떻게든 그녀의 재능을 발휘할 수 있게 해주고 싶은 생각에서 과장에게 부탁하여 한 번 더 그녀가 바라는 대로 해주라고 했다. 과장은 애써 불만을 감추며 그녀로 하여금 독립된 전문적인 일을 담당하게 했다. 그 일은 어렵지는 않아도 매일 책임을 지고 마무리해야 하는 중요한 일이었다. 그런데 이번에도 그녀는 그 일을 잘해내지 못했다. 과장의 보고에 따르면 집계하는 방법은 엉망이고 이틀이나 삼일씩 통계조차 내지 않아 업무가 마비될 지경이라는 것이었다. 그리고 과장이 주의를 주면 바보라도 할 수 있는 일을 시켜놓고 무슨 잔소리냐는 식으로 말한다는 것이었다.

과장은 "만일 사장님이 다시 그녀에게 기회를 주시려거든 다른 과로 보내십시오. 저희 과에서는 그녀가 있으면 될 일도 안 됩니다."라고 분명히 잘라 말했다. 그러니 그도 어쩔 수 없이 동의할 수밖에 없었다고 한다.

지금 맡은 일에 불평불만을 품고 마지못해 하고 있다면, 보다 나은 일을 맡게 된다 해도 그보다 더 잘 할 수 없다. 그리고 현재 맡은 일을 사람들에게 칭찬 받을 만큼 해낼 수 없다면, 보다 중요한 일을 맡았을 때는 더더욱 다른 사람의 칭찬을 기대할 수 없다.

무엇보다도 지금 맡고 있는 일에 최선을 다하고 볼 일이다. 창고지기든 배달하는 일이든, 겉으로는 보잘것없는 일 같아도 그 일에서만 느낄 수 있는 재미가 따로 있기 때문이다.

'다른 사람과 나는 무엇이 다른가. 나는 그 일을 다른 사람과 얼마나 다르게 할 수 있는가?' 하는 물음을 염두에 두고 도전해보

자. 그렇게 하면 반드시 흥미가 생길 것이다. 그렇게 하지 않고 적당히 일한다는 것은 이미 자신을 욕되게 하고 스스로를 함부로 다루는 일이 된다.

대학을 졸업하고 중소기업에 취직한 사람 가운데 일 년 안에 그만둔 사람들이 퇴직의 이유로 가장 많이 드는 것이 '일이 자기 성격에 맞지 않는다' 는 것으로, 거의 반을 차지한다고 한다. 하지만 처음부터 자기의 성격에 맞는 일이라는 것이 있을까?

○RE-BOOT YOURSELF

임진왜란을 일으킨 장본인인 도요토미 히데요시는 우리 민족에게는 가장 원한이 깊은 인물 가운데 하나이지만 일본인들에게는 가장 입지전적인 인물로 기억되고 있다.

그는 당시 세도가인 노부나가의 짚신지기 노릇부터 시작하여 마굿간지기, 회계 책임자 따위를 거쳐 일본 최고의 실력자가 된 사람이다. 짚신지기 시절 노부나가의 신을 가슴에 품어 따뜻하게 데웠다가 신도록 했다는 일화는 매우 유명하다. 그가 만약 짚신지기 일에 불만을 품고 신세 한탄이나 하며 지냈다면 일본 최고의 실력자는 물론 마굿간지기도 되지 못했을 것이다.

자기가 지금 하고 있는 일의 중요성을 스스로 깨닫고 보다 열심히 실천하지 않는다면 우리는 어느 위치에 있건 어떤 일을 하건 그 일에 대한 불만과 고통에서 헤어나지 못할 것이다.

가치 있는 일이나 가치 없는 일은 없다. 오직 가치 있는 일과

가치 없는 일로 만드는 사람이 있을 뿐이다. 그 중에서 우리는
어떤 사람이 될 것인가?

불씨를 지키는 사람

일과 혼연일체가 되어라

얼마 전 텔레비전에 한 옹기장이가 나왔다. 옹기장이라 하여 나이가 지긋한 노인일 것이라고 생각했지만 그는 이제 갓 서른을 넘긴 젊은이였다. 그이는 옹기를 굽기 전엔 제과회사에서 케이크 만드는 일을 했다고 한다. 그러던 중에 전통적인 방식으로 만드는 옹기가 점차 사라져간다는 사실을 알고 자기 힘으로라도 전통의 맥을 이어야겠다는 생각에 그간 모아둔 재산을 전부 투자하여 시골로 내려가 옹기를 굽기 시작했다고 한다.

수입을 묻는 리포터의 질문에 "옹기를 쓰는 집이 많이 줄어들어 어려움이 많습니다. 하지만 옹기가 과학적인 그릇이라는 사실이 밝혀지면서 요즘 들어 옹기를 찾는 사람들이 점차 늘기 시작하고 있습니다."라며 웃음지었다. 그이가 하는 일에 대단한 의의를 부여하려는 리포터의 말에 그 젊은이는 나지막한 그러나 굳은 신념이 깃든 목소리로 이렇게 말했다.

"저는 다만 불씨가 꺼지지 않도록 지켜볼 따름입니다. 누군가에 의해 활활 타오를 날이 있으리라 믿으며……."

그 젊은이의 이야기를 들으며 우리네 삶의 양식이 부끄러워졌다. 순간의 이익만을 좇으며 당장에 무언가를 이루어야만 성공한 것이라 여기는 요즘의 세태가 안타까웠다. 그런 까닭에 우리의 손으로 만드는 대부분의 것들이 10년을 넘기지 못하고 부실이라는 낙인이 찍히는 것은 아닌지 준엄한 반성을 하게 되었다.

어느 마을에서 교회를 짓는 공사가 한창 진행되고 있었다. 몇 사람의 석공이 돌을 깎고 있었는데 지나가던 나그네가 그 중의 한 석공에게 물었다.

"당신은 지금 무슨 일을 하고 있습니까?"

침울하고 화난 표정을 한 그 석공은 나그네를 쳐다보지도 않고 내뱉었다.

"보면 몰라요? 돌덩일 깎고 있잖소."

나그네는 다시 그 옆에서 일하는 석공에게 무슨 일을 하고 있느냐고 물었다.

석공은 슬픈 표정이었지만 화를 내지는 않았다. 끌과 망치를 내려놓은 그는 나그네를 보면서 침울하게 말했다.

"나는 밥벌이를 하고 있소이다."

나그네는 다시 콧노래를 흥얼거리며 조각을 하고 있는 석공에게 가서 물어보았다.

그러자 그 석공은 행복한 목소리로 대답했다.

"나는 아름다운 교회를 짓고 있습니다."

◯ RE-BOOT YOURSELF

일을 할 때 가장 바람직한 태도는 대가를 얻기 위해 하는 것이 아니라 하고 있는 일 자체를 사랑함으로써 그것과 완전히 하나가 되는 것이다. 다시 말해 혼연일체가 되는 것이다. 같은 일을 하더라도 다가가는 자세에 따라 체험이 전혀 달라진다. 그 일을 사랑하여 즐겁게 일할 때와 돈을 벌기 위해 마지못해 할 때의 질이 다른 것이다.

천직 의식이 결여된 사회는 불안정할 수밖에 없다. 지금의 내 일자리는 내가 소원했던 바가 아니요, 단지 생계를 위한 방편일 뿐 언젠가는 떠나야 할 곳이라는 생각들이 팽배한다면, 그 직장과 사회가 안정될 리 없다.

그런 까닭에 우리는 무슨 일을 선택할 것인가에 앞서 일이 삶에서 가지는 의미와 어떻게 일을 대할 것인가 하는 방식의 문제를 먼저 고민해야 한다.

4 희망으로 승부하라

나이애가라의 기적

0.1퍼센트의 희망도 희망이다

미국과 캐나다의 국경에 있는 거대한 폭포 나이애가라는 높이 48미터에 너비 900미터의 캐나다 폭포와 높이 51미터에 너비 305미터의 미국 쪽 폭포로 나뉘어져 있다. 그 사이에 미국령의 작은 섬 하나가 국경이다.

폭포의 총 너비는 자그마치 1,205미터로 매년 200만 명 이상의 관광객이 몰려든다. 그 관광객들은 폭포 안쪽으로 연결된 와이어 교량으로 미국과 캐나다를 왕래할 수 있다. 미국의 복수 비자를 받으면 캐나다 비자가 없어도 나이애가라 폭포의 와이어 교량을 통하여 미국 국경을 넘어 캐나다 쪽으로 갈 수 있다.

처음 그 다리의 건설을 구상하였을 때 모든 건설업자가 100퍼센트, 불가능하다는 판정을 내렸다. 그래서 아무도 엄두를 내지 않고 물러났다. 1,205미터의 폭포를 가로지르는 다리를 놓는다는 것은 상상도 못할 일이라고 하였다. 그런데 조그마한 건설회사의 사장 한 사람이 현장을 둘러보고 나서 자기네 회사에서 다리를 놓겠다고 나섰다. 다른 사람들은 물론이고 그의 회사 직원들까지 모두 사장이 제정신이 아니라고 생각했다.

사장에게 방법이 있었던 것은 아니다. 그는 단지 100퍼센트의 불가능을 인정하지 않았을 뿐이다. 방법을 찾아보겠다는 것뿐이었다. 다른 사람들과 다른 점이 있었다면 그야말로 0.1퍼센트의 희망을 가슴에 간직하고 있다는 것이었다.

결국 집요한 연구 끝에 묘안이 떠올랐다. 비둘기 다리에 명주실처럼 가느다란 실오라기 한 가닥을 매어 건너편으로 날려보냈다.

그 비둘기가 돌아올 때는 좀더 굵은 실 한 가닥을 다리에 매고 왔다. 같은 방법을 여러 번 반복하다 보니 제법 굵고 질긴 끈으로 양쪽이 연결되었고 그것을 이용하여 나중에는 굵은 와이어를 연결할 수 있었다. 그만하면 기초 작업은 끝난 셈이었다.

명주실처럼 가느다란 한 올의 실이 수억 명의 관광객을 미국과 캐나다 국경으로 넘나들게 만들었다면 우리 가슴에 있는 '한 가닥의 희망'은 얼마나 큰 가능성인가.

우리는 '한 가닥의 희망'이라는 말을 자주 쓴다. 이는 실오라기 같은 희망, 즉 99.9퍼센트의 불가능과 0.1퍼센트의 가능성을 이르는 말이다. 이런 경우에도 희망이라는 기대를 걸 수 있는 것일까?

과연 성공할 가능성이 있을까?

만일 누가 이런 질문을 내게 던진다면 나는 단호하게 대답할 것이다. "네, 그렇습니다."라고. 그 한 가닥의 실오라기 같은 희망을 단단히 잡기만 한다면 꼭 이루어질 것이라고.

○ RE-BOOT YOURSELF

성공은 가만히 앉아서 기다리는 사람의 몫이 아니다. 작은 희망일지라도 그것을 믿고 성실하게 일을 추진시킬 때 신의 손길도 도우려고 거기에 미치는 것이다. 그것이 성공의 지름길이다.

단 0.1퍼센트의 희망일지라도 끝내 해보겠다는 의지로 신념을 가지고 전력 투구하면 100퍼센트의 기대가 걸린 희망 못지 않게 성공을 가져다주는 희망임에 틀림없다.

위대한 유산

네게브가 필요로 하는 것은 희망이다

이스라엘 땅의 대부분은 황무지였다. 특히 네게브는 풀 한포기 나지 않는 매우 척박한 땅이었다. 1948년 독립한 이스라엘의 초대 총리에 오른 벤 구리온은 바로 이 네게브 황무지를 개간하는 것만이 나라를 살리는 길이라고 생각하여 '네게브가 필요로 하는 것은 물과 사람의 땀'이라고 외치며 개간 사업을 주도해나갔다.

그는 13년간 총리직에 있으면서 황무지 개간을 위해 온갖 방법을 다 동원했다. 송수관을 만들어 갈릴리 호수에서 물을 끌어왔고 지하수를 개발하였으며 바닷물을 담수로 바꾸었다. 마침내 씨를 뿌려 첫 수확을 했을 때 이스라엘 사람들은 벤 구리온이 희망을 잃지 않고 신념으로 일관했기에 얻을 수 있었던 기적이라며 환호성을 질렀다.

그는 명예롭게 총리직에서 물러났다. 총리 공관에서 나온 그는 운전사에게 네게브로 갈 것을 부탁했다. 네게브에서는 많은 농부들이 그를 기다리고 있었다. 벤 구리온은 황무지를 개간하는 일을 돕고 싶으니 자신을 그들의 공동 생활 형태인 키부츠의 일원으로 받아달라고 부탁했다.

주민들의 따뜻한 환대 속에 벤은 새로운 생활을 시작했다. 그때 그의 나이 이미 77세였다. 벤은 다른 농부들과 똑같이 손에 흙을 묻히며 일했다. 휴식 시간에 일꾼들과 농담을 주고받는 그의 모습은 영락없는 농부였다.

키부츠에서 벤이 총리로서 받은 특혜는 아무것도 없었다. 단지 벤을 찾아오는 세계적인 지도자들이 너무 많아 그들을 맞이하기 위해 만든 4평짜리 방이 유일한 특별 대우였다. 1987년 벤은 87세의 나이로 네게브에서 숨을 거두었다. 그가 남긴 재산은 아무것도 없었다. 단 한 푼의 동전도, 저금 통장은 물론이고 한 평의 땅조차 없었다.

그가 남긴 유일한 유산은 척박한 네게브 땅을 황금 밀밭으로 바꿔놓은 정신, 바로 그것이었다.

◯ RE-BOOT YOURSELF

벤 구리온의 삶에서 우리가 새겨두어야 할 교훈은 물질보다 정신이 우선한다는 진리이다. 앞으로의 세계가 어떻게 전개될지는 알 수 없지만 이제까지처럼 인간이 추구하는 최고의 이상은 변하지 않을 것이다. 우리가 추구하는 물질도 결국 정신을 풍요롭게 하는 밑거름이지 그 자체가 목적은 아닌 까닭이다.

그런 의미에서 벤 구리온의 삶은 매우 값진 성공을 거두었다고 할 수 있다. 마음을 비웠을 때 오히려 모든 것이 채워지는 좋은 본보기이다. 또한 희망을 가지고 불가능에 도전한 그의 삶은 우리에게 시사하는 바가 크다.

페테르부르크의 바위

작은 실천이 세상을 변화시킨다

18세기 초 표트르 대제가 페테르부르크(지금의 레닌그라드)를 건설하던 때의 일이다.

유럽의 거대 도시 중 하나로, 치밀한 계획 아래 건설한 이 도시에 큰 골칫거리 하나가 생겼다.

인접해 있는 핀란드로부터 빙하와 함께 여러 개의 큰 바윗덩어리가 페테르부르크 도심으로 흘러든 것이다. 특히 도심의 대로를 가로막은 커다란 화강암이 문제였다.

당국에서는 그 바위를 깨뜨려 운반하기에는 시간이나 경비 부담이 너무 크다며 그 처리 문제를 놓고 연일 회의를 가졌다. 도시 건설에 참여한 전문가들이 여러 의견을 내놓았지만 뾰족한 대안이 없었다.

더구나 최소 비용으로 완벽하게 처리해야 한다는 도시 계획 당국자의 요구를 충족시키기란 쉽지 않은 노릇이기에 차일피일 미루기만 했다. 문제를 해결하기 위해 적극적으로 나서는 사람이 아무도 없었다.

그러던 어느 날이었다.

한 농부가 찾아와 아주 싼값으로 말끔하게 그 바위를 치우겠노라고 나섰다.

사람들은 농부의 말을 믿으려 하지 않았다. 바위를 깨부술 다이너마이트나 운반용 마차도 없이 도시 계획 당국조차 치울 엄두를 내지 못했던 그 커다란 바위를 말끔히 치운다니 모두 어이없어한 건 당연했다.

당국의 실무자들과 도시 건설 전문가들도 농부를 어리석고 무모한 사람이라고 비웃을 뿐 어느 누구도 관심을 갖지 않았다.

농부는 동료 몇 사람을 데리고 와서 바위 둘레를 삽으로 파기 시작했다.

반신반의하는 사람들의 시선에는 아랑곳없이 농부는 결코 서두르지 않고 한 삽 한 삽 침착하게 바위가 놓인 한 쪽 가장자리를 파기 시작했다. 농부는 바위가 구덩이에 빠지지 않도록 버팀목으로 지탱해가며 묵묵히 삽질을 계속했다. 그렇게 여러 날 동안 파나가자 놀랍게도 바윗덩어리가 충분히 파묻힐 만큼 커다란 구덩이가 생겼다.

그제서야 사람들은 우직한 농부의 현명한 생각이 어떤 것이지

어렴풋이 깨닫게 되었다. 농부는 버팀목을 조심스럽게 빼냈다. 그러자 눈 깜짝할 사이에 문제의 바위는 구덩이로 굴러 들어갔다.

그러고 나서 그 위를 흙으로 덮었는데 오늘날에도 그 바위가 묻힌 자리는 약간 패여 있다고 한다.

결국 골칫거리 바위를 치운 사람은 도시 건설에 참여한 전문가들이 아니라 미련스러울 만큼 묵묵히 한 삽씩 땅을 판 농부들이었다. 당시로서는 최고의 지식과 기술을 가진 수학자와 건축가 그리고 과학자와 행정가에 의해 건설된 계획 도시 페테르부르크의 영광을 세상에 드러낸 이는 바로 아무도 생각지 못했던 몇몇 농부들이었던 것이다.

생각을 그대로 실천한 우직한 농부처럼 땀 흘리며 묵묵히 할 수 있다는 희망을 가지고 삽질하는 행위가 바로 목표로 가는 과정의 첫걸음이다. 아무리 첨단 기술과 지식을 지녔다 하더라도 지혜롭게 한 삽 한 삽 파나가지 않는다면 그야말로 무용지물일 뿐이다.

생각만으로는 하루에도 몇 차례 만리장성을 쌓고 다시 헐어낼 수 있다. 그러나 세상에는 오직 하나의 만리장성만이 존재한다. 어떤 일의 성취 여부는 이처럼 생각과 실천의 차이에 있다.

우리에게 삶에서 도전해볼 만한 선한 목표가 있다면 지금 당장 실천에 옮기고 볼 일이다.

결과를 두려워하거나 환경을 탓한다면 결코 아무 일도 할 수 없다.

◯ RE-BOOT YOURSELF

요즘 들어 많은 사람들이 자주 '위기'라는 말을 한다. 그 '위기'라는 말이 사람들의 입에서 회자되면 회자될수록 생각마저 그렇게 굳어지고 종내에는 곧 현실 속의 실체가 되고 만다.

그러나 행동을 실천으로 옮기면 그 위기도 '기회'라는 말로 탈바꿈된다.

우리네 삶에서도 제정 러시아 시대에 살았던 한 농부의 과묵한 삽질처럼 희망을 가지고 하나하나 실천해나갈 때 그것이 세상을 변화시키는 힘이 되는 것은 마찬가지이다.

채드윅이 실패한 이유

정확한 목표를 설정하라

1952년 7월 4일 아침, 캘리포니아 해안 서쪽 카날리아 섬에서 한 여인이 물 속으로 뛰어들어 21마일이나 떨어진 캘리포니아를 향해 헤엄치기 시작했다. 그녀의 이름은 플로렌스 채드윅. 여성으로는 처음으로 장거리 수영에 도전했을 때 그녀의 나이는 서른네 살이었다.

그 날 따라 해안은 앞을 분간할 수 없을 만큼 짙은 안개에 싸여 있어 채드윅이 바다를 헤엄쳐 건너는 것을 보기 위해 TV 앞에 앉아 있는 수백만 명의 사람들을 초조하게 했다. 채드윅은 몇 시간 동안 쉬지 않고 헤엄쳐 나갔다. 가끔씩 상어들의 접근을 막으려는 경호대의 총소리가 들려왔다. 15시간이 지났을 때 추위와 다리의 마비로 심한 경련을 일으킨 그녀는 기권할 의사를 비쳤다. 배를 타고 그녀를 뒤따르던 코치와 그녀의 어머니는 육지가 불과 얼마 남지 않았음을 알리며 포기하지 말라고 격려했다. 그러나 짙은 안개에 가려진 캘리포니아 해안은 그녀에게 까마득하게만 느껴질 뿐이었다. 15시간 55분 만에 그녀는 결국 기권하고 배 위로 올라갔다. 몸이 풀린 뒤 그녀는 자신이 캘리포니아 해안에서 불과 반 마일 떨어진 곳에서 기권했다는 사실을 깨달았다.

나중에 그녀는 자신이 기권했던 가장 큰 이유는 심한 추위나 피로보다 안개로 인해 육지를 볼 수 없었을 때 엄습했던 절망감이었다고 고백했다. 남아 있는 거리만 측정할 수 있었어도 그녀는 결코 기권하지 않았을 것이다.

사람들은 상황을 명확하게 파악할 수 없을 때 두려움을 느끼곤 한다. 그것은 실체에 대한 불확실성에서 오는 심리적인 반응이다. 낮보다 밤이 무섭게 느껴지는 것도 사물을 명확히 분간할 수 없는 데서 오는 불안감이다. 밤이라 할지라도 환한 불빛만 있다면 별로 두려움이 생기지 않는다.

마찬가지로 어떤 일을 추진함에 있어서 그 일에 필요한 정확한 지식이나 경험이 없는 상태에서 시작만 서두른다면 십중팔구 중도에 포기하거나 시작 단계에서 그만두게 될 것이다. 다시 말해서 목표가 있으면 목표를 성취하기 위해 현실적으로 필요한 요건들을 점검하고 그에 따른 치밀한 준비를 해야 한다. 또한 목표 달성에 필요한 자금이나 여러 가지 조건과 아울러 예상되는 난항들을 사전에 조사하고 대비하는 자기 점검이 필요하다. 채드윅의 경우에도 사전 지식이 부족했기에 아쉽게도 목표를 달성하지 못한 것이다. 안개로 인해 거리 측정이 곤란할 것에 대비한 사전 준비가 있었더라면 충분한 자질을 갖춘 그녀의 도전이 무위에 그치는 안타까운 일은 일어나지 않았을 것이다. 사전 예측과 그에 대한 적절한 준비가 모자랐기에 그녀의 실패와 좌절은 오히려 당연한 귀결인지도 모른다.

또 한 가지, 채드윅이 목표 달성을 지나치게 집착하지만 않았더라도 목적지에 도달할 가능성이 더 많았을지 모른다. 짙은 안개 때문에 앞을 분간할 수 없는 지경일지라도 목적지에 도달해야 한다는 지나친 강박 관념에 쫓기지 않고 평온한 마음으로 헤엄쳐나갔다면 오히려 더 오랜 시간 동안 버틸 수 있었을 것이다.

자신의 도전을 많은 사람들이 지켜보고 있고 꼭 성공해야 한다는 지나친 의무감이 그녀를 더욱 지치게 했을 것이다. 모든 일에는 순서가 있다는 생각으로 느긋하게 몰두하다보면 경험이 쌓이는 가운데 노하우가 생겨서 하루하루 일의 틀이 잡혀가는 것을 발견하게 될 것이다.

◯ RE-BOOT YOURSELF

채드윅은 자신이 기권한 것은 신체적 피로 때문이 아니라 도착 지점을 볼 수 없다는 절망감이었다고 고백했다. 그녀는 희망과 목표를 잃어버렸던 것이다. 자신이 이루어야 할 목표가 명확히 보이지 않았기에 그간의 노력과 자신이 거둔 성과조차 포기해야 했던 것이다.

우리는 살아가는 동안에 사업의 부진이나 가족간의 갈등 등 크고 작은 어려운 고비를 맞곤 한다. 그러나 삶의 목표만 갖고 있다면 실망을 하게 되더라도 실패는 없다. 남들의 비난도, 경제적 고난도 극복해야 할 장애물에 불과하다. 어떤 어려움 속에서도 이루어야 할 목표를 잃지 않아야 하는 이유가 바로 이것이다. 목표를 향해 가는 길은 멀고도 험하다. 그러나 목표를 밝히는 횃불이 환할 때 우리는 길을 잃지 않는다.

방울뱀 농장

한 사람은 진흙길을 또 한사람을 별을 보았다

플로리다에 최악의 조건을 최상의 기회로 바꾸어 큰돈을 번 행복한 농부가 있었다.

처음에 그가 이 농장을 다른 사람으로부터 인수했을 때, 그는 크게 낙담해서 좀처럼 일할 마음이 생기지 않았다. 땅은 메말라서 과수를 재배하거나 가축을 기를 수도 없었고, 번성해 있는 것은 오직 자그마한 느릅나무와 방울뱀뿐이었다. 실의의 나날을 보내던 어느 날 그는 기발한 생각을 하게 되었다. 사방에 널려 있는 방울뱀을 이용해 돈을 벌 수는 없을까 하는 생각이었다. 최악의 조건이 돈을 벌어들이는 중요한 기반으로 탈바꿈하는 순간이었다. 엉뚱한 발상일 수도 있는 일이었지만 그는 곧 그 일을 구체화했다.

방울뱀의 살로 통조림을 만든 것이다. 의외로 방울뱀 통조림은 사람들의 구미를 당겨 큰 성공을 거두었다. 방울뱀을 구경하러 농장을 구경하러 오는 여행자만도 1년에 20만 명에 이르렀다. 그뿐만이 아니었다. 독사의 이에서 뽑은 독은 제독용 독소로서 각 지방의 연구소에 보냈고, 가죽은 부인용 구두와 핸드백을 만드는 데 쓰는 재료로 비싼 값에 거래되었다. 뱀고기로 만든 통조림의 인기는 더욱 높아져 전세계로 수출되었다. 그리하여 플로리다 주에서는 이 농부를 기념하기 위해 그 마을을 '방울뱀 마을'이라고 고쳐 부르게 되었다.

뉴욕에 사는 셀머 톰슨이라는 부인이 있었다. 전쟁 중 그녀의 남편은 캘리포니아의 모제브 사막 근처에 있는 육군 교련소에 배속되었다. 남편을 따라간 그녀는 그 지방이 너무나도 자신이 살아온 환경과 다른 데 놀랐다. 그녀는 적응하지 못하고 움막집에 홀로 남아 실의의 나날을 보내야 했다. 그도 그럴 것이 그곳은 51도에 가까운 엄청난 더위가 계속되었고 그곳에 거주하는 사람들은 영어가 통하지 않는 멕시코인과 인디언들뿐이었기 때문이다. 음식이 맞지 않는 것은 물론 언제나 모래를 일으키는 바람에 시달리느라 고생이 매우 심했다. 견디지 못한 그녀는 친정 아버지에게 집으로 돌아가고 싶다고 호소하는 편지를 보냈다. 그런데 그녀의 편지에 대한 아버지의 답장은 겨우 두 줄뿐이었다. 그러나 그 짤막한 두 줄의 글이 그녀의 인생을 바꾸어놓았다.

두 사람의 남자가 형무소 창문으로 밖을 내다보았다.

한 사람은 진흙길을, 한 사람은 별을 보았다.

그녀는 이 글을 몇 번이고 되새겨 읽으며 자신의 어리석음을 뉘우쳤다. 그녀는 현실을 긍정하며 그런 일상 속에서도 무엇인가 좋은 것을 찾아보려고 노력했다. 별을 찾으려고 한 것이다.

그녀는 이제까지의 태도를 바꾸어 인디언들의 친구가 되었다. 그랬더니 그들은 그녀가 미처 예상치 못한 반응을 나타냈다. 그녀가 그들이 하는 뜨개질이나 도자기에 관심을 보이자 그들은 여행자에게는 팔지 않는 귀한 물건을 그녀에게 선물하곤 하는 것이었다. 또한 그녀는 사막에서 자라는 선인장과 올리브 나무들의 생태를 연구했다. 사막의 낙조를 바라보며 산책을 즐기다가 몇 백만 년 전, 그곳이 해상(海床)이던 때의 조개 껍데기를 찾기도 했다.

무엇이 그녀를 그토록 변화시킨 것일까? 그녀가 생활하는 곳은 변한 게 아무것도 없었다. 변화된 것은 바로 그녀 자신이었다. 진흙을 보던 그녀가 별을 찾은 것이다.

그녀는 마침내 이 시절의 감동을 『빛나는 성벽』이라는 제목의 소설로 엮어내게 된다. 그것은 하찮고 무가치한 것으로 보이던 나날을 황금의 날로 바꾼 사람만이 가질 수 있는 보람의 증표인 것이다.

◯RE-BOOT YOURSELF

인간의 잠재 능력 연구에 일생을 바친 심리학자 알프레드 아들러는 인간의 가장 뛰어난 점을 이렇게 설명했다.

'인간이 지닌 능력 중 가장 놀랄 만한 특성의 하나는 마이너스를 플러스로 바꾸는 힘이다.'

그러한 특성 때문에 인간은 자연 재해와 싸우며 오늘날과 같은 살기 좋은 문명을 이루어낸 것이다. 누구에게나 있는 이러한 잠재 능력을 믿고 자기 삶의 목표를 일구어나간다면 결코 좌절하거나 낙오되는 일이 없을 것이다. 성공을 거둔 많은 이들의 경우를 살펴보면 대부분 이러한 능력을 자기 것으로 만들었음을 알 수 있다.

꿈을 심어주는 꿈

간절히 소망하라

내가 아는 젊은이 중에 대학을 졸업하고 이제 막 선생님이 된 친구가 있다. 그는 어려서부터 선생님이 되는 것을 꿈꾸었고, 그 꿈을 실현하여 무척이나 행복한 듯이 보였다. 첫 출근을 며칠 앞두고 나와 만났을 때 그는 시종 들뜬 표정을 감추지 못했다.

그러던 그가 얼마 전 어두운 표정으로 다시 날 찾아왔다. 무슨 걱정이 있느냐는 내 물음에 그는 자기의 일 때문이라고 대답했다.

나는 모든 일이 그렇듯이 생각하는 것과 막상 그 일을 하는 것에는 차이가 있게 마련이라는 말로 그 친구의 기운을 북돋워주려 했다. 그러나 그는 이상과 현실의 괴리는 어느 정도 각오를 했던 것이기에 견뎌낼 수 있지만 문제는 아이들이라고 말했다.

　그는 출근하던 첫날 첫 수업만큼은 교과 내용을 가르치기보다 의미 있는 시간을 갖고 싶어서 고민 끝에 아이들에게 꿈이 무엇이냐고 물어보았다고 한다.

　그러나 아이들은 대부분 자신의 꿈이 무엇인지 모른다거나 아예 꿈이 없다고 대답했다는 것이다. 자기가 정말 무엇을 하고 싶은지 무엇을 좋아하는지 모르겠다고 하면서 관심은 온통 시험 성적과 TV 탤런트 같은 다른 곳에 있더라는 것이다.

　그는 그 순간에 몹시 당황하여 정신 없이 교과 내용을 가르치고는 다른 반 수업에 들어가서도 차마 아이들에게 꿈이 무엇이냐고 묻지 못했다고 한다.

　나는 그의 이야기를 통해 새삼 우리 사회의 청소년 문제가 어느 정도로 심각한지 깨달았다. 그 이유는 꿈이 없는 사람은 죽은 사람이나 다름없음을 알기 때문이다.

　미국의 수잔 다우슨이라는 인기 배우는 '명성도 얻었고 돈도 얻었다. 그러나 나는 지금 무엇 때문에 살고 있는지를 모르겠다' 는 말을 남기고 자살했는데, 이는 인생의 목표를 잃은 극단적인 예라고 하겠다.

　조선시대의 대(大)유학자인 율곡은 젊은 시절에 『자경문(自警文)』을 지어 자기 삶의 좌우명으로 삼았다고 한다. 자경문은 모두 11개 조항으로 이루어져 있는데 그 첫번째가 입지(立志)이다. 입지란 뜻을 세운다는 말로서 곧 목표를 정한다는 말과 같은 뜻이다.

율곡이 그의 일생을 두고 가장 강조한 것이 바로 이 입지의 중
요성이었다. 학문하는 사람에게는 말할 것도 없거니와 임금께 나
라를 걱정하는 진언을 할 때에도 언제나 입지부터 철저히 할 것을
강조했다고 한다.

목표를 세우는 것은 일의 첫걸음이자 성공의 첫걸음이라 할 수
있다. 아무리 좋은 조건과 환경 속에 있다 할지라도 우선적으로
뚜렷한 목표가 설정되어 있지 않으면 아무런 가치가 없다.

그런 의미에서 나의 젊은 친구가 전해준 이야기는 정말 걱정스
러운 일이 아닐 수 없었다. 우리 사회의 미래를 짊어질 청소년들
에게 꿈이 없다면 우리 사회의 미래도 없음을 알기 때문이다.

자리를 파할 무렵 그는 내게 이런 말을 했다.

"저는 어려서부터 선생님이 꿈이었고 지금 그 꿈을 이루었습니
다. 아이들의 이야기를 듣고 저는 잠시 절망감에 빠져 내 꿈마저
부질없는 것으로 여겼는데 지금 생각해보니 그게 아닙니다. 아이
들은 저에게 다시 새로운 꿈을 꿀 수 있게 만들어주었습니다. 꿈
이 없는 아이들에게 꿈을 심어주는 것, 이제부터는 그것이 저의
꿈입니다."

일을 시작함에 있어 먼저 분명한 목표를 찾는 그의 태도에서 나
는 마음이 든든해짐을 느꼈다.

◯ RE-BOOT YOURSELF

인간과 동물이 다른 점은 여러 가지가 있겠지만 가장 큰 차이는 인간만이 꿈을 꾸며 그것을 구체적으로 실현하고자 노력한다는 점이다.

인간은 가치 있는 목표를 자유롭게 설정하여 도전하고, 창의적인 기쁨을 누리며 새로운 자기를 발견하는 감동을 맛볼 수 있다. 이것은 모든 생물 중에서 오직 인간에게만 주어진 특권이다.

프랑스의 철학자 에밀 아란은 "목표를 세우고, 또한 그것을 향해서 창의적으로 연구하는 것이야말로 인간이 누리는 최고의 행복이다."라고 말했다.

인간의 대지

똑같은 상황에서도 어떤 사람은 희망에 가득 차 있는가 하면 어떤 사람은 절망으로 좌절한다. 희망과 절망은 주어진 상황보다도 그것을 바라보는 시각에 따라 좌우되기 때문이다.

물론 사람의 힘으로는 어쩔 수 없는 절대적 상황이란 것이 있다. 그러나 아무리 절대적 상황이라도 그것을 어떻게 보느냐에 따라 절망적인 상황이 희망적으로 바뀌기도 하고 희망적인 상황이 그 반대가 되기도 한다. 신념이 있는 사람은 절망적인 상황에서도 희망을 잃지 않지만 비관적인 사람은 희망을 눈앞에 두고도 좌절한다. 그러므로 우리에게는 언제나 희망적인 상황을 기대하기보다 매사를 희망적인 기대로 낙관하는 '마음의 자세'를 갖는 것이 중요하다.

그 증거로 희망을 잃지 않는 사람은 극한적 상황에서도 결코 좌절하지 않는다는 것을 보여주는 몇 가지 사례가 있다.

첫번째 예로 프랑스의 작가 생텍쥐페리의 『인간의 대지』에 나오는 주인공 기요메를 들 수 있다. 소설 『인간의 대지』는 1930년에 생텍쥐페리가 자신의 절친한 친구 기요메를 모델로 하여 쓴 이야기이다. 즉 기요메가 남아메리카를 가로질러 남북으로 길게 뻗은 안데스 산맥을 횡단하다가 폭설로 뒤덮인 산 속에 추락하여 조난 당했던 실제 이야기를 소재로 삼아 쓴 소설이다.

당시 생텍쥐페리도 친구들과 함께 구조 작업에 나섰으나 그의 생사조차 알아낼 수 없었다. 안데스 산맥은 길이 8,500킬로미터에 높이가 6,000미터가 넘는 서반구(西半球)의 최대이자 최고의 산맥이다. 그러므로 만년설로 뒤덮인 이 산맥에 추락한 경비행기 조종사가 자력으로 살아서 돌아오기란 불가능한 상황이었다.

그러나 기요메는 살아서 돌아왔다. 잠들면 얼어 죽는 강추위를 견디며 몇 날 몇 밤을 한잠도 자지 않고 오직 살아서 돌아가야겠다는 신념으로 걷고 또 걸었다. 추위와 굶주림 속에서 기적처럼 그가 살아서 돌아올 수 있었던 이유는 단 한 가지이다.

"아내는 내가 반드시 살아서 돌아올 줄로 믿고 있을 것이란 생각이 들었다. 나는 그 믿음을 배반할 수 없었다. 꼭 살아서 돌아가야만 했다."

작가는 친구의 죽음을 넘어선 체험에 감동하여 『인간의 대지』라는 명작을 쓰게 되었다.

절망적인 상황을 극복하고 성공한 역사적 인물들 가운데 나는 특히 요셉을 좋아한다.

족장의 총애를 받는 아들로 태어난 요셉이 열일곱 살에 형들의 음모로 노예로 팔려 갔다가 살아온 이야기는 언제나 나에게 희망과 용기를 준다.

요셉은 낯선 타국 이집트에서 주인을 섬기는 노예로 살게 되었다. 그러던 그가 스무 살이 되었을 때 주인 마님의 유혹을 받게 된다. 그녀의 요구를 들어주면 노예에서 해방될 수 있고, 더 나은 삶을 기대할 수 있었다.

그러나 그는 마님의 부정한 생각을 끝내 거부하였다. 이에 분노한 주인 마님은 오히려 그가 자신을 겁탈하려 들었다고 모함하였고, 그는 감옥에 갇히게 되었다. 이쯤 되면 보통 사람으로서는 미치거나 자살이라도 했을 것이다. 그러나 요셉은 죄수로 지내면서도 삶에 충실했다. 그것은 성공하여 고향으로 돌아가겠다는 믿음이 있었기에 가능했다. 그는 어릴 적에 형들이 자기에게 절을 하는 꿈을 꾸었다. 형제들 중에서 가장 큰 인물이 될 것을 암시하는 꿈이었다. 그는 노예로 지낼 때도 죄수로 감옥에 갇혔을 때도 이 꿈을 마음에 새기며 앞날을 도모했다. 그런 그에게 서른 살이 되던 해에 드디어 기회가 왔다. 이집트의 국무 총리로 전격 발탁된 것이다.

요셉은 성경 속의 전설적인 인물이 아니라 기원전 2000년에서

1800년경의 이집트 중왕조 시대에 이스라엘 민족이 이집트로 이주하는 데 동기를 제공한 실제 인물이다.

◯ RE-BOOT YOURSELF

이처럼 우리가 살아가는 데 있어서 삶의 성패 여부에는 상황이 문제되지 않는다. 그 상황에서 무엇을 보고 어떻게 생각하느냐가 중요하다.

마음의 눈만 밝은 곳을 바라볼 수 있다면 육신이 아무리 어둠에 갇혀 있어도 그 사람은 절대로 절망할 수 없다. 안데스 산맥에 추락한 우편물 수송기 조종사 기요메나 비참한 노예 생활을 극복한 요셉이 바로 그러한 마음의 눈을 가진 사람들이다.

희망에 찬 신념으로 무장된 사람은 밝은 마음의 눈을 가진 사람이고 그 사람은 반드시 자기 삶의 목표를 성취하고 만다.

희망을 잃지 않는 마음의 눈이 곧 우리네 삶에 희열을 가져다준다.

눈(眼)으로 쓴 책

고난과 역경을 극복하는 의지

프랑스의 여성 잡지 「엘르」의 편집장이었던 장 도미니크 보비의 이야기이다. 그는 어느 겨울 날 갑자기 뇌졸중으로 쓰러졌다. 그 때부터 그는 말을 할 수도 혼자 힘으로는 먹을 수도 없었고 심지어는 숨쉬기조차 어려웠다. 그의 몸 가운데 유일하게 신경이 살아 있는 곳은 왼쪽 눈꺼풀뿐이었다. 늘 건강했던 그였으므로 하루 아침에 식물 인간으로 변한 보비의 모습에 가족과 친구 그리고 직장 동료들은 한동안 충격에서 헤어나지 못했다.

그러던 어느 날 보비와 친분이 있던 출판사의 사장 오드와르 씨가 병 문안차 찾아왔다. 그는 침대에 누워 꼼짝도 못하는 보비의 모습을 보며 눈물을 참지 못했다. 그런 와중에도 그는 보비가 윈

쪽 눈을 깜박거리며 눈물을 흘리는 것을 보았다. 순간 그의 머릿속에 한 가지 생각이 떠올랐다. 어떤 사람이 눈의 깜박임으로 의사 소통을 하는 한 소설이 떠오른 것이었다.

그는 회사로 돌아와 보비의 책을 내자고 제안한 뒤, 보비에게 책을 써볼 것을 제안했다. 작업은 바로 시작되었다. 그는 보비에게 프랑스어의 각 알파벳을 눈을 깜박거리는 횟수로 표시하라고 말했다. 자주 사용하는 문자는 되도록 눈을 적게 깜박거리고 마침표는 아예 눈을 감기로 했다. 그 뒤 보비는 하루에 반 쪽씩 책을 써내려 갔다.

그렇게 1년 3개월이 지났을 때 드디어 총 130쪽으로 된 『잠수복과 나비』라는 보비의 책이 완성되었다.

살아가면서 예상치 않은 크고 작은 재해나 재난으로 곤경에 처할 때가 있다. 때로는 자신의 판단 착오로 일을 그르쳐서 돌이킬 수 없는 절망감에 사로잡히기도 한다.

누구나 이런 경우에 맞닥뜨리면 목표에 대한 의지를 잃고 현 상황에만 급급해지게 마련이다. 그러나 평소에 긍정적인 사고로 무장된 사람이라면 상황을 무시하고 목표를 향한 의지로 돌파구를 마련할 것이다.

어떤 이가 교통사고로 두 다리를 잃었다고 하자. 다리의 역할은 걷는 것이다. 어딘가로 가고자 할 때 목적하는 곳으로 몸을 움직이는 것이 다리가 하는 일이다. 그런 경우라도 가고자 하는 목적지에 대한 희망이나 의지가 뚜렷하다면 그 사람은 남은 두 팔을 이용해서라도 목표를 향해 몸을 움직여 나아갈 것이다. 그러나 두 다리가 멀쩡해도 목표에 대한 갈망이 없으면 그 사람은 꼼짝하지 않은 채 종일 누워만 있을 것이다. 목표에 대한 의지가 뚜렷한 사람은 상황을 탓하지 않고 최선이 아니면 차선의 방법을 찾아서라도 자기 길을 갈 것이다.

◯ RE-BOOT YOURSELF

바이올린을 만드는 데 사용하는 최고의 목재는 해발 1만 2,000피트의 로키 산맥 수목 한계선 위에서 자라는 나무라고 한다.

수목 한계선 위에는 춥고 매서운 바람이 불기 때문에 바람이 부는 쪽으로는 나무가 자라지 못하여 나무는 항상 바람이 부는 방향과 반대로만 자란다. 그리고 추위를 견뎌내느라 성장이 더딘 대신 목질이 매우 단단하여 바이올린을 만드는 데 가장 적합하다는 것이다. 고온 다습한 환경에서 자라 무른 나무로는 아름다운 울림을 기대할 수 없다.

최악의 상황에서 절망하지 않고 주어진 여건을 최대한 이용하여 완성을 보게 된 보비의 『잠수복과 나비』가 단순한 책의 의미 이상으로 그 감동이 크게 다가오는 것은 결코 우연이 아닐 것이다. 살아가면서 때때로 우리가 맞닥뜨리는 시련들이 곧 삶의 진수를 얻게 하는 값진 기회란 점을 잠시도 잊지 말아야 하는 까닭이 여기에 있다.

실수를 만회하는 방법

실수는 발전을 위한 절호의 기회

사람은 살아가면서 누구나 가끔씩 본의 아니게 실수를 저지르게 마련이다. 실수를 저지른 사람은 처음에는 당황하여 마음의 갈피를 잡지 못하다가 시간이 흐르면서 차츰 실수를 만회하기 위해 여러 가지 궁리를 하며 노력하기 시작한다. 그런데 실수를 만회하고 나면 의외로 일이 호전되어 삶의 큰 전기를 맞게 되는 경우도 적지 않다. 반대로 어물거리다가 실수를 만회할 기회를 놓치고 평생 후회하는 경우도 있다. 따라서 실수 그 자체를 문제 삼기보다 어떻게 조금이라도 빨리 만회할 것인가를 진지하게 고민하는 편이 현명한 일일 것이다.

실수를 만회하기 위하여 다음의 몇 가지 사항들을 명심해둘 필요가 있다.

　첫째, 일의 자초지종을 자세히 설명하는 것을 잊지 말자. 실수를 저지른 사람은 미안한 마음이 들어 죄송하다는 말만 반복하며 그 일로부터 벗어나고 싶어한다. 그러나 그렇게 되면 실수가 상대에게 그대로 인식되게 마련이므로 일의 전후 사정이 어떠했는지 사정을 자세하게 설명해야 한다. 그러면 이야기를 듣는 동안에 흥분된 감정이 사라지고 상대가 그 일에 대한 이해의 폭을 넓힐 수 있다.

　둘째, 진지하고 겸허한 태도를 보이자. 대부분의 사람들은 상상 외로 이해심이 많다. 따라서 상대가 아무리 잘못을 저질렀다고 하더라도 자신의 과오를 인정하면 큰 피해가 없는 한 관대해지게 마련이다. 자신의 과오를 진지하고도 겸허한 자세로 솔직히 인정하고 사과하는 태도를 보이면 그 일은 예상보다 쉽게 마무리된다.

　셋째, 변명을 해야 할 경우라면 조심스럽게 해야 한다. 두 권이나 되는 분량으로 변명에 관한 책을 낸 심리학자 스나이더는 변명에 관하여 이런 말을 했다. '변명은 실수가 비정상적이었고, 다시 반복되지 않을 것임을 쌍방이 납득하도록 하는 데 도움을 준다. 그러면 긴장이 완화된다.' 그러면서 그는 일의 앞뒤를 차근차근 설명하면 더욱 효과적이라고 덧붙였다. 실수를 다른 사람의 탓으로 돌리는 일은 오히려 상대방의 감정만 건드리게 되어 비효과적이다. 이런 사실을 염두에 두고 침착한 어조로 진실하고 정중하게 설명한다면 실수를 만회하는 일이 그다지 어렵지 않음을 몸소 체험할 수 있을 것이다.

넷째, 실책에 상응하는 보상을 잊지 말아야 한다. 정중히 사과하고 변명한 다음에는 상대방에게 가한 손해를 보상하기 위해서 진지하게 노력해야 한다. 상대방에게 끼친 손해를 완전히 보상하는 것이 불가능할 때도 많지만 최선을 다하여 그에 상응하는 보상을 하는 것은 실수한 사람의 의무이다. 상대가 자기의 실수로 물질적인 피해를 입었음에도 불구하고 그에 대한 책임을 지지 않는다면 사과나 변명은 아무 소용도 없게 된다. 실수란 책임을 질 때 만회되는 것임을 명심해야 한다. 감정적인 손상을 가했을 때는 꽃과 같은 마음의 선물이 어느 정도 효과적일 수 있다. 그러나 물질적인 성의 표시가 항상 적절한 것은 아니라는 것도 잊지 말아야 한다. 마감 시간을 못 지켰다든가 서류를 잘못 보관했다든가 하는 업무상의 과실을 범했을 때는 다시는 그런 실수를 하지 않겠다는 뜻을 상사나 동료에게 꼭 전하여 일에 대한 신뢰를 회복해야 한다.

다섯째, 지나간 일을 두고 계속 후회하지 말아야 한다. 심리학자 프랭크 팔리는 '때로는 자신의 실수를 운으로 돌려야 한다' 는 점을 강조한다.

사람들이 실수를 저지른 후 직면하는 가장 큰 문제 가운데 하나는 두고두고 그 일을 생각하면서 후회한다는 것이다. 옛말에도 한 번 실수는 병가 상사란 말이 있다. 지난 실수는 되풀이하는 일이 없도록 하는 반면에 빨리 잊는 것도 중요한 일이다.

여섯째, 실수를 통해 배운다고 생각하자. '훌륭한 사람은 실수를 통해 완성된다' 는 말이 있듯이 실수로 잘못을 저지른 것을 자기 발전의 계기로 삼아야 한다. 셰익스피어도 그의 희곡에서 '대부분의 경우 사람들은 약간 나쁜 결과로 훨씬 더 훌륭해진다'고 쓰고 있다. 이처럼 실수는 자기 발전의 절호의 기회라고 볼 수 있다. 수습하는 방법만 알고 있다면 큰 실수일수록 자기 발전에 더욱 큰 계기가 될 수 있는 것이다.

이처럼 자기가 저지른 실수를 끝까지 책임지고 자신감 있게 소신껏 마무리할 때 의외로 그 일이 성공의 한 계기를 마련한다는 것을 잊지 말아야 한다.

◯ RE-BOOT YOURSELF

아무리 유능한 사람이라고 해도 사람이라면 누구나 실수를 하고 그것을 후회하게 마련이다. 하지만 실수는 말 그대로 실수에 불과하므로 그것이 자신의 능력과 자질을 판단하는 잣대가 될 수는 없다. 실수를 통해 자기를 되돌아보고 자신의 부족한 부분을 보충하는 계기로 삼는다면 그것은 오히려 좋은 기회가 될 수 있다. 실수를 두려워하지 말고 도전하라. 그리고 실수를 했을 때에는 그에 합당한 책임을 져라. 하지만 그것에 얽매여 현재를 망치는 어리석은 짓을 해서는 안 된다.

자기 최면

위기를 호기로 역전시키는 지혜

미국의 유명한 라디오 뉴스 해설자인 칼덴보른도는 스물한 살 때 가축 운송선에서 일을 하며 대서양을 건너 자전거로 영국을 둘러보았다. 그 후 무일푼 신세로 다시 파리에 도착한 그는 카메라를 전당포에 맡기고 얻은 5달러를 가지고 끼니를 해결한 뒤, 여비를 벌기 위해 망원경을 파는 회사의 영업 사원으로 들어갔다. 그는 프랑스어를 한마디도 하지 못했지만 처음 한 해 동안 5,000달러의 수입을 올렸다. 그의 비결은 이러했다.

그는 프랑스어를 몰랐기 때문에 고용주에게 제품 설명서를 프랑스어로 적어달라고 하여 그것을 통째로 외웠다. 그러고는 각 가정을 찾아가 벨을 누른 후 문을 열어주는 주부에게 암기한 내용을 줄줄이 쏟아냈다. 물론 발음이 엉터리여서 누구나 웃음을 터뜨렸고 그가 그림을 보여주면 상대방은 의아한 표정으로 좀더 구체적인 설명을 요구했다. 그럴 때면 그는 "나는 미국인입니다……."라고 자세한 설명을 하지 못하는 이유를 분명히 밝히고 모자를 벗어 그 속에 넣어둔 프랑스어 원고를 꺼내 보였다.

그러면 주부는 다시 웃음을 터뜨렸고 그도 따라 웃으면서 제품 설명이 보다 상세히 적힌 그림과 설명서를 몇 장 더 보여주었다. 그렇게 말이 오고가다 보니 처음엔 관심이 없던 사람들도 호의를 가지고 잘 사주더란 것이었다. 그는 지금은 이렇게 재미있게 이야기할 수 있지만 사실은 그 당시에 매우 긴장된 나날을 보냈다고 고백했다. 사람들이 그에게 물었다.

"그러면 당신이 그 일을 부끄러워하지 않고 계속할 수 있게 한 힘은 무엇입니까?"

그는 빙긋이 웃으면서 대답했다.

"저는 항상 스스로에게 타일렀습니다. 아침에 일어나면 제일 먼저 거울을 보고 이렇게 말했습니다. '칼덴보른도, 너는 여비를 벌기 위해서 반드시 이 일을 해야만 해. 그러나 이왕 하려면 즐겁게 하자. 남의 집 초인종을 누를 때마다 상대방은 너의 연기를 지켜보는 관객이 되고 너는 무대 위에 선 배우가 되는 거야. 어차피 네가 하는 일은 무대에서 벌어지는 연극처럼 우스꽝스런 일이잖아. 그러니 완벽한 연기를 하는 배우처럼 멋지게 그리고 즐겁게 하는 거야'라고 자기 최면을 걸었습니다."

대부분의 사람들은 자기보다 똑똑한 사람보다 어리석은 사람을 좋아한다. 예로부터 우스꽝스런 광대가 많은 사람들에게 즐거움을 안겨주는 것도 따지고 보면 이러한 심리가 작용했기 때문이다. 사람들은 남의 실수나 가벼운 결점을 통해 위로받고 싶은 것이다. 더 나아가 그런 경우 자기를 과시할 수 있기 때문이기도 하다. 그러므로 어느 정도는 실수나 자기의 부족함을 대범하게 생각할 필요가 있다. 적당히 자기의 결점을 보임으로써 처음 대하는 사람이 경계심을 늦추도록 하여 호감을 사는 것도 대인 관계의 한 방법이다. 칼덴보른도처럼 어려운 상황이지만 긍정적인 태도를 가지고 약점을 오히려 호기로 역전시키는 지혜를 발휘한다면 아무도 그를 어리석은 사람이라고 비난하지 않을 것이기 때문이다.

◯ RE-BOOT YOURSELF

사람들은 어떤 일을 시작하기도 전에 미리 겁부터 먹는 경우가 많다. 일을 시작하기 전에 두려움을 극복하는 것이 급선무인 것은 두말할 나위도 없다. 그렇다면 스스로 창조해낸 이 두려움은 어디서 기인하는 것일까.

먼저 완벽해야겠다는 강박관념을 생각해볼 수 있다. 그런데 이런 사람들의 대부분이 결과에 대한 책임을 기피하는 경향이 있다. 그러나 미리 나쁜 결과까지 예측해보고 그 결과에 대한 책임까지 수용할 자신이 있다면 두려움은 크게 문제될 것이 없다. 티끌만큼의 책임도 지지 않으려는 무사 안일주의가 두려움을 갖게 한다.

또한 기회는 한 번뿐이라는 강박관념이 문제이다. 그러나 어떤 일이든 기회는 한 번으로 제한되어 있지 않다. 제2, 제3의 대안을 가지고 있다면 두려움도 한결 가벼워질 것이다.

실천하지 않는 안이함으로는 삶에서 성취할 수 있는 것이 아무것도 없다.

정신적인 연령

적극적 사고가 영원한 젊음을 만든다

몇 년 전에 미국의 전직 대통령이었던 레이건이 '나의 사랑하는 미국인들에게'라는 제목의 편지를 통해 자신이 노인성 치매의 일종인 알츠하이머병을 앓고 있다고 공개했다. 알츠하이머병은 치매의 한 종류로 환자가 요리, 운전, 심지어 구두끈을 매는 일까지 망각하다가 결국에는 혼수 상태에 빠져 사망하는 질환이다.

세계 최강국의 대통령이었던 그도 결코 인간의 굴레인 생로병사(生老病死)를 벗어날 수 없다는 사실을 새삼 확인하는 순간이었다. 그러나 생로병사 가운데 늙는 것은 인간의 의지와 행동에 따라 어느 정도 조절이 가능하다.

인간의 뇌세포는 약 1백억 개로 30세가 지나면서 하루에 10만여 개씩 죽어간다고 한다. 그러나 뇌세포가 죽어도 적극적인 사고를 하는 사람들은 뇌세포의 연결 고리가 살아 있는 다른 세포에 연결되어 기억 및 분별 작용을 원활하게 할 수 있다.

사고력 또한 나이를 먹어감에 따라 저하되는 것이 아니라 다만 사고 속도가 다소 늦어지게 될 뿐이라고 한다. 따라서 자신의 일을 갖고 적극적으로 생활하는 사람들의 경우에는 나이와는 상관없이, 아니 나이가 들수록 더 훌륭한 업적을 이루는 경우를 볼 수 있다.

88올림픽 당시 영국의 엘리자베스 여왕이 노태우 대통령에게 선물로 보낸 것은 『한국과 그 이웃 나라들』이라는 한 권의 책이었다. 이 책의 저자는 영국 왕립 지리학회 최초의 여성 회원이었던 이사벨라 버드 비숍 여사이다.

서구인이 쓴 한국 관련 저서 가운데 가장 널리 알려진 이 책은 그 방대한 주제와 자료, 생생한 현장감과 실증성 때문에 오늘날까지도 중판을 거듭하고 있다. 이 책의 명성은 여러 가지로 확인되는데, 옥스퍼드 대사전에 실린 'pangas(방아)', 'yang-bans(양반)', 'kimchi(김치)' 등 한국 관련 영어 단어들은 모두 이 책에서 알려진 것이라고 한다.

비숍 여사는 빈대와 벼룩이 들끓는 19세기 말 조선의 주막들을 전전하며 신중하고 사려 깊은 목격자의 눈으로 자신이 접한 모든 것을 생생한 묘사체로 기록했다. 호기심 많은 현지 주민들에게 온갖 봉변을 겪었고, 북풍 한설 몰아치는 평안도 산봉우리에서 얼어 죽을 뻔하기도 했으며, 청일전쟁이 발발한 직후에는 거지와 다름 없는 처지로 만주를 헤매기까지 했다.

이렇듯 여자의 몸으로 11개월에 걸쳐 우리 나라 곳곳을 답사했다는 사실도 놀라운 것이지만 더욱 놀라운 것은 답사를 시작할 때의 그녀 나이가 64세였다는 사실이다.

한국으로 건너올 무렵 남편이 죽은 직후부터 생겨난 류머티즘이 악화되었고 폐도 좋지 않아 정상적으로 호흡을 할 수도 없었다. 그러나 그녀는 의사의 경고에도 아랑곳하지 않고 아직 '이렇게 젊을 때' 밖으로 나다녀야 더 건강해지고 젊어진다며 한국으로 떠났다고 한다.

그녀는 『한국과 그 이웃 나라들』의 집필을 마친 뒤에도 다시 아프리카 여행을 떠나 사하라 사막을 횡단하고 아틀라스 산맥에 올랐으며, 74세의 나이로 죽기 직전까지 중국 여행을 준비했다고 한다.

우리 사회에서 직장 생활을 하다보면 보통 55세에서 60세에 이르면 정년 퇴직을 하게 된다. 최근에는 조기 퇴직이다 명예 퇴직이다 해서 그보다 빨리 직장을 그만두는 경우도 있는데 그럴 경우 가장 곤혹스러운 것은 이 나이에 무엇을 다시 시작할 수 있겠는가 하는 회의라고 한다. 그것이 심화되면 자기가 쓸모 없는 존재가 되었다고 생각하고 순식간에 늙어버린다. 그렇게 의식이 노인이 되면 그 때부터 육체도 빠르게 노쇠한다.

나이 때문이 아니라 아무것도 할 수 없다는 닫힌 의식이 노인을 만든다. 아직 '이렇게 젊을 때'라는 적극적인 자세를 갖는다면 64세의 나이에도 새로운 모험을 위해 떠날 수 있고, 젊어서보다 더 훌륭한 성과를 얻을 수 있다.

◯ RE-BOOT YOURSELF

괴테가 『파우스트』를 완성한 것은 89세 때였다. 치치아노는 98세에 몇 가지 걸작을 완성했고, 에디슨은 84세에도 연구실에 틀어박혀 있었으며 벤저민 프랭클린 또한 80세에 미국 헌법의 기초를 다지는 데 도움을 주었다.

지크문트 프로이트의 유명한 이론과 저작도 다 말년에 이루어진 것이다. 위험한 수술을 받기 전날, 그는 자신의 일기에 이렇게 기록했다고 한다.

'나는 이제야 깨달았다. 나이를 먹어감에 따라 해야 할 일이 더 많아진다는 것을……'

사람은 누구나 나이를 먹고 늙게 마련이다. 그런데 그러한 현상 앞에 손을 들고 노인 행세를 한다면 너무 많은 시간을 낭비하게 될 것이다. 인생의 초반부와 중반부를 준비했듯이 인생의 후반부도 차근히 준비할 필요가 있다.

늙는 것은 기정 사실이다. 중요한 것은 어떻게 남과 다른 활력 있고 건강한 노년을 보내느냐 하는 것이다.

5 원하는 것을 얻을 때까지 인내하라

패배의 명수 링컨

인내하는 자만이 원하는 결과를 얻을 수 있다

보통 사람들은 성공한 사람들을 볼 때 그들이 남과 다른 특별한 능력을 지녔고, 실패라고는 모른 채 늘 행운이 따라 그야말로 순풍에 돛을 단 것처럼 거침없이 현재의 자리에 올랐다고 생각한다.

그러나 사실은 그와 다르다. 물론 그러한 경우도 없지 않겠지만 대부분은 누구보다도 많은 실패를 거쳐 성공에 이른다. 그들이 갖고 있는 특별한 능력이라는 것도 실은 좀더 인내할 줄 아는 능력에 지나지 않는다.

우리는 역사를 통해 되풀이되는 실패와 좌절을 인내로 극복해낸 가장 드라마틱한 예를 링컨의 정치 이력을 통해 찾아볼 수 있다. 1832년 그가 처음 정치에 입문하기 위해 도전한 주(州) 의회 의원 선거에서 패배한 후로 1838년 주 의회 대변인 선거에서 패배, 1843년 국회의원 후보 공천 탈락, 1848년 국회의원 후보 재공천 탈락, 1854년 상원의원 선거 패배, 1856년 부통령 후보 공천 탈락, 1858년 상원의원 선거 패배 등 그야말로 정치인으로서 겪을 수 있는 패배란 패배는 모조리 겪은 셈이다.

그러나 그의 정치 이력서의 마지막 줄에는 1860년 대통령 당선이 자리하고 있다. 그는 노예 해방과 남북전쟁의 승리자라는 명예와 더불어 현재까지도 미국 국민들에게 가장 존경받는 대통령으로 남아 있다.

영국인 고고학자 하워드 카터는 1922년 이집트 정부에 무덤 발굴 신청서를 냈다. 그는 이미 십여 년 전부터 무덤을 발굴해왔으나 유물을 발견하지는 못했다. 카터가 발굴하고자 한 무덤은 기원전 1325년 열여덟 살의 어린 나이로 죽은 투탕카멘 왕의 피라미드였다.

카터는 온갖 역사적인 자료들과 과학적인 수치를 계산해가면서 마침내 조심스럽게 무덤을 파들어가기 시작했다. 쉽지 않은 일일 것이라고 짐작은 했지만 연일 쓸데없는 돌만 산더미처럼 쌓이는 것을 바라보는 카터의 심정은 착잡하기 이를 데 없었다. 일 년, 이 년, 세월은 흐르고 게다가 제1차 세계 대전까지 일어나 온 세계는 혼란에 휩싸이게 되었다. 그러나 전쟁에도 아랑곳하지 않고 카터는 거친 사막의 모래 바람 속에서 작업을 계속했다.

8년이 지난 어느 날, 일꾼 한 사람이 삽을 든 채 놀란 얼굴로 카터에게 뛰어왔다. 콘크리트같이 딱딱한 물체가 나와 조금 파보았는데 아무래도 계단처럼 보인다는 것이었다. 그 때부터 작업은 활기를 띠어 마침내 무덤의 입구로 보이는 거대한 여러 개의 계단을 찾아냈다.

카터는 벽에 난 작은 틈새로 촛불을 밀어 넣고 안을 들여다보았다. 무덤 안에는 이제껏 한번도 보지 못한 아름답고 귀한 유물들이 가득 차 있었다. 엄청난 유물들이 32세기 만에 비로소 한 인간의 눈앞에 드러난 것이다.

카터는 탄성을 내지르는 동료들을 뒤로 하고 터덜터덜 계단을 올라갔다. 그의 동료가 멍한 얼굴로 걸어올라가는 카터를 불러 세웠다.

"어이 자네, 유물 때문에 넋이라도 나간 거야?"

카터는 깊은 생각에 빠진 얼굴로 말했다.

"사실 오늘 우리가 발견한 이 장소로부터 동쪽으로 약 1미터 되는 지점은 20여 년 전에 파본 적이 있는 곳이라네. 고작 1미터 때문에 20여 년을 허비했다니⋯⋯."

◯ RE-BOOT YOURSELF

성공이 꼭 천재에게만 약속되어 있는 것은 아니다. 또한 행복이 제일 영리한 사람에게만 보장되는 것도 아니다. 우리가 직면해 있는 현실 속에서, 우리 스스로의 힘으로 행운을 꽃피우는 데 필요한 요소가 바로 인내인 것이다.

오늘날 세계적 체인망이 구축되어 있는 패스트푸드점 맥도널드의 설립자 레이 크로크는 인내에 대해 이렇게 이야기했다.

"인내를 대신할 수 있는 것은 이 세상에 아무것도 없다. 재능도 아니다. 재능이 있으면서 성공하지 못한 사람은 너무 많다. 두뇌도 아니다. 이 세상엔 교육받은 낙오자가 얼마나 많은가. 인내와 결심만이 모든 것을 가능하게 한다."

지금 하고 있는 일이 좀처럼 길이 보이지 않아 고민하고 있다면 조금만 더 인내하여 나아가 보자. 바로 1미터 앞에 성취의 열매가 기다리고 있을지도 모르는 일이다. 그렇다면 20년이 절약될 수 있을 것이다.

오귀스트의 등대

민음이 기적을 낳는다

1856년 프랑스의 오귀스트 바르톨디라는 사람이 이집트로 여행을 떠났다. 그는 여행을 하는 도중에 이집트 방문객인 페르디난드 레셉스라는 사람을 만났다. 레셉스는 홍해에서부터 지중해까지 길고 긴 운하를 뚫어 아프리카 대륙을 따라 기나긴 항해를 감수해야 하는 상선들의 불편을 덜어주겠다는 야심에 찬 계획을 가지고 있었다.

레셉스의 이야기를 들은 오귀스트는 운하가 완성되면 그 입구에 등대를 세우면 좋겠다는 생각을 했다. 그는 곧 자신의 아이디어를 구체화시키는 일에 매달렸다. 도안을 밑그림으로 하여 설계를 하고 진흙으로 모형을 만들었다. 또 잘못된 설계를 수정하고 다 만들어진 모형을 부수어 다시 세우기를 되풀이했다.

수에즈 운하를 건설하는 데는 10년이 걸렸다. 그의 모형도 거의 완성되어 갔다. 그러나 아직도 해결해야 할 문제가 하나 남아 있었다. 그의 아이디어를 실행할 수 있는 후원자를 찾는 일이 그것이었다. 사방으로 수소문해 보았지만 이집트 사람들은 그의 제안을 거들떠보려고도 하지 않았다.

마침내 수에즈 운하는 등대 없이 개통되었다. 그의 10년에 걸친 노력과 열의는 물거품이 된 것이다. 그가 설계한 등대는 사막의 스핑크스보다 더 높고 아름다운 여인상이었다. 한 손에는 정의의 책을 들고 다른 한 손에는 운하의 입구를 비추어줄 횃불을 들고 있었다.

오귀스트의 소문을 들은 프랑스 정부는 이집트 정부가 거들떠보지도 않은 여인상을 세밀히 살펴본 뒤 그 예술적인 아름다움과 가치를 인정했다. 그리고 그 작품을 사들여 미국 독립 100년을 기념하는 뜻으로 미국에 기증했다.

그 여인상이 바로 높이 92미터, 무게 225톤에 이르는 '자유의 여신상'이다. 이 자유의 여인상은 지금도 뉴욕 항을 환히 비추고 있다.

믿음이 기적을 낳는다고 한다. 그러나 믿음을 가졌다고 해서 모두 기적이 이루어지는 것은 아니다. 맹목적인 믿음은 허구적인 환상이나 공상에 지나지 않는다. 믿음을 가지고 일을 하나하나 실천해나갈 때 눈앞에서 기적이 실현되는 것이다. 그 믿음이란 것도 스스로 만족할 만한 기대치가 담긴 구체적 목표가 세워졌을 때 더욱 확고해지는 것이다. 그래야만 그 결실이 맺어지기까지 어떤 장애에도 흔들림 없이 최선을 다하게 될 것이다. 구체성이 희박하여 스스로 만족하지 못하는 일에는 절대적 기대치 즉, 믿음이란 것이 생길 수 없다.

자기가 만족하지 못하는 막연한 일을 남이 훌륭하게 생각해주리라는 기대는 기만이나 맹목적인 믿음에 지나지 않는다. 일의 시작을 위해서는 반드시 스스로 도취될 만큼의 최선의 노력이 있어야 한다.

지성이면 감천이란 옛말도 최선을 다하라는 의미이다. 티끌만큼의 아쉬움도 남지 않을 만큼 최선을 다할 때 기적과 같은 행운도 따라오게 마련이다. 설사 그런 행운이 없다손 치더라도 그렇게 한 사람은 자기 성취감으로 충만한 삶의 가치를 맛볼 것이다. 누구보다 먼저 일에 뛰어든 당사자인 자신이 만족할 만한 결과를 추구해야 한다.

○ RE-BOOT YOURSELF

기왕에 어떤 일을 추진하려면 세계 제일이 되겠다는 야심찬 계획을 세우는 것이 좋다. 예전에도 있었고 누구라도 쉽게 할 수 있는 일을 한다면 그만큼 의욕도 반감되고 다른 사람도 큰 기대를 하지 않기 때문에 빛을 보기 힘들다. 단순한 모방이 아니라 패러디를 하더라도 기존의 단점을 보완하고 많은 장점들을 살리지 않으면 경쟁에서 뒤쳐질 것이 뻔하다.

충분한 검토가 있고 스스로도 만족할 만한 결과를 얻을 수 있는 일이라면 어떤 일이 있더라도 기필코 해내고야 말겠다는 의지와 인내심 또한 결심 못지 않게 중요하다.

그러기 위해서는 그 목적이나 동기가 순수해야 하며 많은 사람들을 위한 공익성이 있는 계획이 좋다. 일의 명분이 뚜렷할 때 지치지 않고 한층 더 정력을 쏟을 수 있기 때문이다. 한낱 개인의 만족을 위한 목적으로는 큰 의의를 찾을 수 없고 의욕도 그만큼 줄어들 것이다. 목표가 크면 클수록 목표 달성을 위한 성취욕도 큰 법이다.

나무를 심은 사람

황무지를 숲으로 가꾸는 인내심

이 이야기는 한 사람이 프로방스 지방으로 뻗은 알프스 산맥 위의 고원 지대를 여행하며 풍물과 사람들이 살아가는 모습을 관찰하는 것으로 시작된다. 그곳은 거의 황무지에 가까운 땅이었다. 샘이 있긴 하지만 말라붙은 지 오래여서 바닥이 드러났고, 간간이 보이는 집들은 지붕이 뜯겨나가고 뼈대만 앙상한 폐가가 되어 있었다. 그곳에서 살고 있는 사람 또한 그곳의 풍경만큼이나 메마르고 황폐하여 틈만 나면 서로 다투기 일쑤였다.

온전한 것이라고는 아무것도 없을 것 같은 그곳에서 그 사람은 한 양치기를 발견하고 감동을 받는다. 그 양치기의 이름은 엘제아르 부피에라고 한다. 그는 아내와 외아들을 잃고 그곳으로 와서 한 마리의 개와 서른 마리 남짓한 양을 키우고 있었다. 그는 침묵으로 일관하며 깊은 고독 속에서도 묵묵히 자신의 일을 해나가는 사람이었다.

그는 낮 동안의 일을 마치고 집에 돌아오면 자루에 가득 든 도토리 열매를 탁자 위에 부어놓고 눈으로 하나하나 확인해가며 좋은 것을 가려냈다. 좀 작거나 금이 간 도토리는 따로 모아놓고 좋은 도토리만 전부해서 백 개를 골라 조그만 자루에 담았다. 그 일은 별것 아니었지만 그가 좋은 도토리를 구별하기 위해 골똘해 있는 모습은 마치 어떤 거룩한 의식을 진행하고 있는 것처럼 느껴졌다.

그리고 다음날 아침 일찍 그는 전날 밤에 추려놓은 도토리가 담긴 자루를 어깨에 메고 다른 한 손에는 쇠막대기를 들고 양떼를 몰고 풀밭으로 갔다. 양들이 풀을 뜯어먹는 동안 그는 혼자 산등성이에 올랐다. 그리고 그 척박한 땅에 쇠막대기를 박아 구멍을 내어 그 안에 도토리를 넣은 뒤 다시 정성스레 구멍을 덮었다. 그 작업은 3년 전부터 그가 매일같이 해온 일이었다.

그는 이 황무지에 매일매일 떡갈나무를 심고 있었던 것이다. 이 땅의 주인이 누구인지, 나중에 누가 그 나무의 소유자가 될 것인지와는 상관없이 단지 황무지를 푸른 숲으로 바꾸고 싶은 마음에 나무를 심고 또 심을 뿐이었다. 그 동안 그가 뿌린 씨앗은 10만 개 가량 되었는데 그 가운데 2만 개 정도가 싹을 틔웠다. 그럼에도 불구하고 그는 실망하지 않고 자신의 일을 계속해나갔다. 가까이 물이 있을 것으로 예상되는 습한 곳에는 새로이 자작나무를 심을 계획까지 세우고 있었다.

그 사람은 부피에에게서 받은 깊은 인상을 간직한 채 다른 여행지를 향해 떠났고 그곳은 그의 기억 속에서 차츰 잊혀져갔다. 1914년 제1차 세계 대전이 일어나 많은 사람들이 전사했다. 전쟁이 끝난 어느 날 그 사람은 여행길에 올랐다가 우연히 다시 그곳을 들르게 되었다. 멀리서 본 그곳의 풍경은 예전과는 달리 옅은 연둣빛 바다처럼 보였다. 부피에가 심은 떡갈나무와 자작나무가 자라났던 것이다. 부피에는 전쟁이 일어났다는 사실조차 모른 채 묵묵히 나무만 심었다. 그 전과 달라진 것이 있다면 어린 싹을 모조리 먹어 치울 위험이 있는 양을 키우는 대신 벌을 치기 시작했다는 점이었다.

1939년에 다시 제2차 세계 대전이 일어나 또 한번 세상은 전화에 휩싸였다. 삶과 죽음에 대한 회의로 사람들은 의욕을 잃었다. 그 사람 역시 전쟁에 참가하여 지칠 대로 지쳐 있었다. 전쟁이 끝나자 피폐해진 영혼을 붙들고 그는 다시 부피에가 살고 있는 곳으로 여행을 떠났다. 이번에는 삼림 감독관으로 있는 그의 친구와 함께였다. 그곳은 눈을 씻고 보아도 예전의 황무지의 모습을 찾을 수 없는, 부드러운 미풍이 불어오고 맑은 시내가 흐르는 평화롭기 그지없는 숲으로 변해 있었다. 아름다운 숲은 다시 사람들을 불러 모았고 그곳에서 사는 사람들도 예전과는 달리 그 숲을 닮아 맑고 활기차 보였다. 그곳을 찾은 정부 관계자들조차 도대체 이곳이 어떻게 이렇게 변하게 되었는지 어리둥절해했다. 그러나 그 사람은 누가 옛날의 그 척박한 황무지를 오늘날과 같은 낙원으로 변화시켰는지 알고 있었다.

엘제아르 부피에. 한 인간의 힘과 노력 그리고 인내만으로 아름다운 숲이 생겨난 것이다. 그것은 어떤 기술과 장비도 없이 오로지 인간의 손과 영혼으로만 완성된 거룩한 업적이었다. 그는 그때까지 살아 있었는데 예전처럼 여전히 가난했다. 그러나 주름이 깊게 패인 그의 얼굴은 마치 성자와도 같아 보였다.

◯ RE-BOOT YOURSELF

위의 이야기는 장 지오노가 쓴 『나무를 심은 사람』의 내용을 간추린 것이다. 이 이야기는 인간 본연의 능력은, 같은 인간을 해치고 자연을 파괴하는 데 있는 것이 아니라 자연을 보다 풍요롭게 만들고 다른 인간과 더불어 서로를 살리는 데 있다는 것을 보여준다.

또한 인간의 의지와 인내심은 불가능을 모른다는 사실을 보여준다. 아무도 거들떠보지 않던 메마른 황무지가 매일매일 도토리를 심는 작은 실천에 의해 푸른 숲으로 변할 수 있다는 사실은 우리에게 생각하게 바가 매우 많다.

택시 운전사 막사이사이

성공과 실패는 인내심의 차이

세계적인 명성을 지닌 필리핀의 위대한 정치가 라몬 막사이사이가 학비를 벌기 위해 택시회사에서 아르바이트로 일할 때의 일이다. 새벽 운전을 마친 라몬은 수업을 받으려고 헐레벌떡 강의실로 달려갔다. 교실에서는 평소에 부잣집 아들이라는 이유로 가난한 친구들을 깔보며 잘난 척하는 후한이라는 친구가 목청을 높이고 있었다.

"우리 나라가 잘살려면 미국과 합병해야 해. 미국에 붙어야 잘사는 나라가 될 수 있거든."

그 말을 듣는 순간 라몬은 자신도 모르게 격앙된 목소리로 반박했다.

“후한, 너 무슨 소리를 하는 거야? 그건 노예적 발상이야. 그보다는 우리 국민들이 모두 단결해서 미국보다 더 잘사는 나라를 만들기 위해 노력해야 해.”

당황한 후한은 곧 비웃음을 띤 얼굴로 가난한 고학생 라몬의 말을 묵살하려 했지만 라몬은 이에 아랑곳하지 않고 오히려 더욱 조리 있는 말로 자신의 의견을 개진했다.

머칠 후, 자정 무렵에 잔뜩 술에 취한 젊은 손님이 라몬의 택시에 올라탔다. 일을 마칠 시간이었지만 그는 손님에게 공손히 행선지를 물었다.

“어디로 가십니까?”

“중앙 우체국 방향으로…….”

그런데 손님은 중앙 우체국에 이르자 자기가 언제 중앙 우체국으로 가자고 했냐며 시청 앞으로 가자고 요구했다. 라몬은 화가 치밀었지만 차를 다시 몰아 시청 앞에 도착했다. 그러자 손님은 중앙 우체국을 거쳐 먼 길로 돌아온 것은 운전자의 책임이라며 요금을 절반밖에 내지 않았다. 그제야 뒤를 돌아본 라몬은 그만 깜짝 놀라고 말았다. 그 손님은 바로 후한이었던 것이다.

“어, 이게 누구야. 라몬이잖아. 큰소리치던 자네가 겨우 택시 운전사라니, 웬일인가? 하하하…….”

후한은 라몬을 비웃으며 차에서 내렸다. 잠시 당황했던 라몬은 다짐하듯 혼자 중얼거렸다.

“참는 자에게 복이 있다. 비록 지금은 택시 운전을 하고 있지만 나는 기필코 이 나라를 이끄는 훌륭한 사람이 될 테다.”

그로부터 몇십 년 뒤 라몬은 그 날의 다짐대로 필리핀의 가장 양심적이고 위대한 지도자가 되었다.

성공적인 삶을 영위하는 사람과 그렇지 못한 사람의 차이는 인내심에 있다고 해도 과언이 아니다. 사람들은 누구나 살아가면서 목표를 멋지게 세우고 그 꿈을 실현하기 위해 노력한다. 그러나 모든 사람이 성공의 열매를 거두는 것은 아니다. 크든 작든 그 일을 성취하는 데에는 인내심이 요구되기 때문이다. 치밀한 계획이나 추진도 중요하지만 어떤 난관에 부딪치더라도 끝까지 밀어붙이는 끈기가 필요한 것이다.

목표를 실행함에 있어 예상할 수 있는 난관 외에도 뜻하지 않은 어려움을 수시로 만나게 된다. 예상하고 있었던 난관조차 막상 부딪치고 나면 좌절하여 포기하는 사람들이 적지 않다. 하물며 예상치도 않은 장애물이 복병처럼 도사리고 있는 경우에는 어려움이 더욱 클 것이다. 그렇다고 해서 중도에 일을 포기하고 다른 길을 찾는다면 십중팔구 똑같은 실패만 되풀이하게 될 것이다.

◯RE-BOOT YOURSELF

선천적으로 인내심이 많은 사람도 있겠지만 대개는 일의 성취에 따른 대가가 인내심의 한계를 결정짓기도 한다. 뜻이 크면 인내심도 크게 작용한다. 라몬 막사이사이도 훗날 큰 일꾼이 되겠다는 야심이 있었기에 자신이 처한 환경에서 겪는 어려움을 끝내 극복할 수 있었던 것이다. 누구나 어떤 일을 추진할 때 그 일을 성취한 후의 미래를 설계해보는 것은 그런 맥락에서 매우 중요하다. 처음엔 뜻이 작더라도 그 일을 성취한 후에 이룰 수 있는 더 큰 꿈을 목표 설정에서 미리 고려하는 것도 인내심을 촉발할 수 있는 한 방법이다.

선다싱의 선택

행복보다 가치를 추구하는 삶

행복을 바라는 것은 인간의 본능이다. 행복을 통해 우리는 편안함과 즐거움 그리고 여유를 누리고자 한다. 그러나 행복의 가치는 그 어떤 기준으로도 잴 수 없다. 행복은 다분히 이기적이며 그 만족도에 따라 달라지는 매우 개인적인 감정이기 때문이다. 그러기에 행복을 추구하면 추구할수록 더 큰 행복을 얻고 싶은 허기증이 생긴다. 그러나 가치의 눈금은 삶의 무게와 비례하므로 그 눈금이 어디를 가리키든 자족할 줄 알게 된다.

선다싱이라는 한 수도사가 동료와 함께 눈 덮인 산을 넘어 수도원으로 가고 있었다. 날은 저물고 눈이 몹시 쏟아져 지척을 분간하기 어려웠다. 그들은 발길을 재촉했다. 그 때 산길에 웬 사람이 쓰러져 있는 것을 발견했다. 앞서 눈길을 가다가 지쳐 쓰러진 사람이었다. 그들은 난감했다. 혼자 걷기도 힘든 상황에서 쓰러진 사람을 데리고 간다는 것은 죽음을 자초할 수도 있는 일이었기 때문이다.

동료는 그 사람을 두고 가자고 주장했다. 어차피 죽을 사람이니 그대로 두고 산 사람이나 살 궁리를 하자는 것이었다. 그러나 선다싱은 쓰러진 사람을 들쳐 업었다. 매우 힘든 선택을 한 것이다. 동료는 화를 내며 걸음이 더뎌진 선다싱을 두고 서둘러 가버렸다. 선다싱은 묵묵히 걸었다. 한동안 걷다 보니 먼저 떠난 동료가 길가에 쓰러져 있었다. 추위를 이기지 못해 얼어 죽은 것이다. 그러나 선다싱은 업혀 있는 사람과 체온을 나누며 무사히 수도원에 도착할 수 있었다.

여기서 선다싱은 가치를, 그의 동료는 행복을 추구한 것이라고 볼 수 있다.

행복을 추구하면 불행할 수 있어도 가치를 추구하면 보람을 얻을 수 있다. 가치란 개인적인 안락이나 이기적인 만족이 아니라 삶의 척도이며 사회를 공통 분모로 하는 유익이다. 그리고 일이든 봉사든 희생이 없다면 그것은 가치가 아니라 공명심에 불과하다.

◯RE-BOOT YOURSELF

남보다 소유한 것이 조금 더 많고, 지식이 많고 지위가 높다고 해서 삶의 가치 척도가 따라서 올라가는 것은 아니다. 자신을 낮추고 가진 것을 이웃과 나누며 덕을 베풀 때 삶은 활기가 넘치게 된다.

가장 초라한 사람은 그의 인생에서 아무 의미도 찾을 수 없는 사람이다. 보잘것없어 보이는 사람도 삶에서 의미를 찾을 수 있다면 그는 위대한 사람이다. 신분이나 환경 그리고 직업 등과 같은 외형적 요소와 무관하게 삶에서 의미를 찾느냐 못 찾느냐로 그 사람의 인생이 고귀한 인생인지 아니면 무가치한 인생인지가 판가름난다.

찰나와 영원

시간의 낭비는 곧 생명의 낭비이다

시간은 만인에게 평등하다. 태어나자마자 곧 죽음을 맞이하는 사람도 있고 100년을 넘게 장수하는 사람도 있는데 어째서 시간이 평등한가라는 의문을 가질 수 있다. 물론 수명에 따라서 그 사람이 살아가는 시간은 저마다 다르겠지만 적어도 사는 동안에는 누구에게나 똑같이 일년 365일, 하루 24시간이 주어진다.

그런 의미에서 시간은 만인에게 평등하다라는 말은 진실이다. 시간은 마치 공기와도 같이 모두에게 차별 없이 주어진 귀중한 재산이자 삶의 조건이라 할 수 있다.

그러나 이처럼 주어진 시간은 똑같은데 어떤 사람들은 보통 사람들보다 훨씬 더 많은 것들을 이룩하는 것을 보면, 나는 늘 감탄을 금할 수 없다.

우리 나라 최초의 안과 의사이자 한글 기계화 운동가로 유명한 공병우 박사는 '시간은 곧 생명'이라고 말할 정도로 시간의 소중함을 신앙처럼 중시했다. 그는 학교도 끝까지 다니지 않고 월반했고 의과 대학을 다니지 않고 강습소와 독학으로 의사가 되었으며, 박사 학위도 남들이 하는 절반의 기간도 안 채우고 독학으로 따냈다.

그는 번거로운 의식이나 형식으로 시간을 낭비하는 걸 싫어해 병원 개원 기념 행사를 한 번도 하지 않았고, 새 며느리에게 폐백 받는 것을 번거롭다 하여 악수하는 것으로 대신했다고 한다. 심지어 돌아가기 십여 년 전에 그는 자신의 장례식도 치르지 말고 시신은 장기를 기증하거나 해부학 교실에 제공하라는 유서를 남겼다.

그가 한글 타자기 개발에 열중한 이유도 글을 쓰는 것보다 타자기를 이용하는 것이 훨씬 시간을 절약할 수 있기 때문이었다고 한다.

이 밖에도 시간에 얽힌 일화는 매우 많다.

넥타이를 매는 것이 시간 낭비라 하여 생전에 넥타이를 매본 적이 없고 상대방이 약속 시간에 5분만 늦으면 그를 사람으로 대하지 않았다고 한다. 또 5분 이상 걸려서 가는 이발소에는 가지 않았고 직원들이 5분 이상 지각하면 한 시간에 해당하는 임금을 깎아버렸다. 하다못해 양말 신는 시간을 줄이기 위해 양말 목을 잘라서 신었다고 한다.

한마디로, 공병우 박사는 시간에 있어서는 지독한 자린고비라 할 수 있다. 이처럼 시간을 귀하게 여기며 아낀 덕에 그토록 많은 일을 할 수 있었던 것이다. 그리고 그는 자신이 아낀 시간을 고스란히 사회를 위해 봉사하기 위해 썼다.

◯ RE-BOOT YOURSELF

흔히들 '시간은 돈이다' 라고 말한다. 그러나 진정 시간의 가치를 알고 귀하게 여기는 사람은 얼마 되지 않는다. 대개의 사람들은 마치 생존에 있어 필수 조건인 공기를 잊고 살듯 시간을 망각한다.

일상에서 얼마나 많은 시간들이 허비되는지를 안다면 놀라지 않을 수 없다. 대부분의 사람들은 학위를 따고도 남을 만한 시간을 분초 단위의 자투리 시간으로 낭비한다고 한다. 시간은 대개의 경우 '분초'로 낭비되는 것이지, '시간'으로 낭비되는 것이 아님을 명심해야 한다.

예전에 우리의 어머니와 할머니들이 자투리 천조각을 버리지 않고 모아 색색이 아름다운 조선 보자기를 만들었듯이 우리도 살아가면서 버려지는 자투리 시간을 잘 활용하면 우리의 인생에서도 조선 보자기처럼 아름답고 가치 있는 무언가를 이룰 수 있을 것이다.

　　몇 분, 몇 초라는 짧은 시간은 비록 그 하나하나는 보잘것 없
어 보여도 찰나가 모여 영원을 만드는 것이다.

내 안에서 얻은 가장 큰 승리

먹이사슬의 고리를 푸는 지혜

『장자(莊子)』「산목편(山木篇)」에 보면 다음과 같은 이야기가 나온다.

장자가 조릉(彫陵)이라는 밤나무밭 울타리가에서 노닐다가 이상한 까치 한 마리가 남쪽에서 날아오는 것을 보았다. 날개의 넓이는 일곱 자가 넘고 눈 둘레는 한 치나 되는 그 새는 장자의 이마를 스쳐 밤나무 숲에 앉았다.

장자는 혼자 생각했다.

'저놈은 어떤 새이기에 저렇게 넓은 날개를 가지고도 높이 날지 못하고, 저렇게 큰 눈을 가지고도 잘 보지 못하는가.' 그리고 옷깃을 걷어올리고 빠른 놀림으로 화살을 잡아 그 새를 겨누었다.

그러다가 문득 한쪽을 보니 매미 한 마리가 제 몸을 잊어버리고 나뭇가지 그늘에 앉아 있었다. 그리고 그 곁에는 사마귀 한 마리가 풀잎에 숨어 그 매미를 잡는 데 정신이 팔려 제 몸을 잊고, 또 까치는 그 기회를 타서 그 사마귀를 잡으려고 정신을 놓고 있었다.

장자는 이것을 보고 놀랍고 두려워 '아, 슬픈 일이다. 만물은 원래 서로를 해치고, 이해(利害)는 서로 짝하는구나' 라고 탄식하며 화살을 던져버리고 도망치듯 달아났다. 이런 장자의 모습을 본 그 밤나무지기는 도둑이라 생각하고 그의 뒤를 쫓으며 꾸짖었다. 장자는 집에 돌아와 석 달 동안 뜰 앞에도 나오지 않았다.

이 이야기를 하는 까닭은 서로가 서로에게 묶여 생명을 지탱하는 이 먹이사슬의 엄연한 질서를 전하고자 함이 아니다. 이제 나라는 한 인간을 묶고 있는 사슬을 있는 그대로 바라보고 그에 대해 솔직히 이야기하고 싶은 것이다.

조상의 대를 이어 내가 태어나고, 나를 버리는 대신 후손을 남기고 가야 하는 엄숙한 생명의 질서를 수용해야 한다. 그리고 나서야 사회라는 큰 질서 속에서 나와 남과의 관계를 생각할 수 있다.

나의 이(利)를 위해서 남을 밀쳐내고 해(害)를 입힐 수밖에 없는 이 공동체의 질서 또한 부인할 수 없는 현실이다.

장자가 활을 던지고 달아난 것은 그것을 깨달은 순간이 아니었을까. 그는 욕심이 두렵다고 했다. 그러나 그 욕심을 버리고 거기

서 자신의 몸이 빠져 나온다고 해서 사슬의 고리가 영원히 끊어지
는 것은 아니다.

그는 석 달 동안을 두문불출한 뒤 그 까닭을 묻는 제자에게 다
음과 같은 요지의 답을 했다.

즉 자신은 '생(生)을 지키려 몸을 잊었다' 는 것이었다.

이 말은 먹고사는 일에 급급하여 인간이 분수를 잊는다는 뜻일
것이다.

나의 분수를 알기 위해서는 좀더 내 주위를 살피고, 내가 얽혀
있는 사슬의 굳건한 고리를 풀어가는 지혜가 있어야 한다.

가령, 적과 이웃이 어떻게 다른가라는 질문을 자신에게 던져볼
수도 있다. 전쟁과 화해를 반복해온 세계사의 변천을 돌이켜보지
않더라도 오늘의 친구가 내일의 적이 되는 일은 개인사에서 어렵
지 않게 찾아볼 수 있기 때문이다.

어릴 때의 단순한 주먹 싸움에서부터 입시 경쟁, 입사 경쟁, 승
진 경쟁 등 어쩌면 사람의 일생이란 적과의 동행이라고 할 수 있
다.

장자가 보았듯이 이것은 모든 생명체에게 해당되는 적자생존의
냉엄한 진리일 수도 있다. 그러기에 약한 자의 입장에서는 생명을
빼앗기는 비극이며 강한 자의 입장에서는 포식의 희열에 다름 아
니다. 그 치열하고 냉엄한 경계를 벗어나기 위해서 인간은 철학을
말하고 종교에 귀의하기도 하는 게 아닐까.

따뜻한 이웃만이 존재하는 세상이라면 얼마나 좋을까. 그러나
그런 세상은 존재하지 않는다. 그런 노력이 있을 뿐이다. 적을 이

웃으로 삼아 평화롭게 살아가는 것이 우리가 목표로 삼는 이상사
회이다.

그러기에 경쟁자와 이웃이 되기 위해서는 그가 한 계단을 오를
때 나 역시 한 계단을 오르는 힘이 있어야 하며, 그가 위태롭게
발을 헛디딜 때 그를 도와 바로 세울 수 있는 아량과 사랑이 있어
야 한다.

경쟁이란 하나의 규칙을 통한 싸움이다. 치열할 수밖에 없는 경
쟁에서는 규칙이 엄격하게 지켜지지 않으면 안 된다. 아무리 승리
를 목적으로 한다지만 비열한 수단으로 얻는 승리는 참다운 승리
가 아니다.

승자는 떳떳한 자존심으로 긍지를 지키며, 패자 역시 증오나 원
한을 품는 쩨쩨한 모습이 아니라 정당하게 자기 패배를 인정하고
훗날의 승리를 다지는 결연한 의지가 있어야 한다.

경쟁할지언정 서로의 자존심을 지켜주고 인격을 존중할 줄 알아
야 한다. 승자는 오만하지 않고 패자는 비굴하지 않을 때 경쟁의
진면목이 나타난다. 그리고 이렇게 할 때만이 참다운 적과 이웃이
존재한다.

경쟁은 악이 되어서는 안 된다.

자신의 우월성이 돋보이게 하기 위해 남의 약점을 들춰내는 야
비한 행동을 해서는 안 된다. 경쟁은 인생을 값지게 발전시키기
위한 과정이므로 함께 발전하는 생산적 기회로 삼아야 한다.

어차피 피할 수 없는 경쟁 속에서 살아야 한다면, 정당한 싸움

법을 배워 용기 있게 나설 수밖에 없다.

시인 괴테는 『서동시집』에서 '내가 인간이었다는 것은 곧 나는 싸움꾼이었다는 것을 의미한다'고 썼다. 나를 살아 남게 하기 위해서 수없이 치러내야 하는 나 자신과의 싸움, 세상살이와의 싸움을 피할 수 없다는 깨달음의 말이다.

칼라일은 『비평과 잡문집』에서 '떠밀고 떠밀리면서 살지 않는 사람은 없다. 어디를 가든지 사람은 공격을 주고받으며, 팔꿈치로 세상을 헤치고 나가야 한다'고 했다.

세상에서 나를 지탱해주는 것은 스스로를 회복하고 힘을 기르는 일이란 것을 깨달아야 한다. 나를 이겨야 한다. 나를 이기면 세상을 이길 수 있다는 자신감이 생긴다. '나 자신을 제외하면 어느 누구도 나에게 해를 가하지 않는다'고 성 베르나르도 말했다.

그러므로 이제 경쟁은 구체적이 된다.

경쟁은 적에 대한 막연한 두려움이나 무모한 전의의 다짐이 아니라 자기 확인이요, 남에 대한 인정에서 출발해야 한다. 경쟁은 참다운 삶을 시작해보자는 다짐이며 활력이 되어야 한다.

○ RE-BOOT YOURSELF

산을 바라보며 저 산에 오를 수 없다고 생각하는 사람은 끝내 오르지 못한다. 강을 건너기 앞서 저 건너편까지 헤엄쳐 갈 자신이 없다고 미리 겁을 집어먹으면 물에 들어서는 일조차 할 수 없다. 시도도 하기 전에 이미 마음 속에서 포기하고 있기 때문이다.

마음이 약해지면 아무것도 할 수 없다. 그런 상태에서는 다 이긴 싸움에서도 지고 만다.

나를 어떻게 길들이고 나를 어떻게 유도하느냐에 따라 삶의 질이 달라진다. 남을 이겨서 얻는 승리가 아니라 나를 이겨서 얻는 승리야말로 가치 있는 일이다. 나의 능력을 발견하고 개발하며 나의 목표를 찾아 의지를 가지고 밀고 나아가는 삶이 참되고 조화로운 인격을 가진 인간을 만들어낸다. 그럴 때만이 참다운 적과 이웃이 더불어 사는 이상적인 사회를 이룰 수 있다.

훌륭한 수확

작은 성공의 기쁨을 누리자

진정한 성공이란 무엇일까?

사람에 따라 제각기 다른 답변이 나올 수 있다. 그러나 진정한 성공의 의미를 묻기 이전에 우리가 보통 생각하는 성공의 실체를 알아보면 흔히 물질의 소유나 외형적인 화려함 따위로 결론이 나는 경우가 많다.

우리는 '돈이 인생의 전부가 아니다', '물질이 행복의 필수 조건은 아니다' 라고 말하면서도 마음속으로는 '실은 그렇다' 라고 혼잣말하는 자신을 보게 된다. 우리는 우리도 모르는 사이에 성공이라는 것을 너무 속물스런 틀에 끼워 맞춰 생각하게 된 것이다.

어떤 사람은 자신이 얼마나 성공한 사람인지 과시하기 위해 막

대한 돈과 시간을 들인다. 큰 차, 새 집, 모피 코트, 골프 회원권, 호화 해외 여행 등. 하지만 이런 물질적인 과시 뒤에 가려진 의미는 무엇일까. 왜 누군가에게 무엇인가를 드러내기 위해 그토록 고심하는 것일까. 나는 그런 사람들을 볼 때마다 그들 내면 속에 깃든 어떤 불안함을 엿볼 수 있다.

외적으로나 내적으로 모두 성공하는 것이 이상적이기는 하다. 그러나 마음속의 자기 자신도 공감할 만한 성공을 거두기는 무척 어렵다.

이렇게 되기 위해서는 스스로 자신이 인생을 통해서 진실로 얻고 싶은 것이 무엇인가 하는 의문을 제기해야 한다. 또한 순간순간 얻을 수 있는 작은 성공의 기쁨을 적극적으로 찾아내고 그 기쁨을 누리는 습관을 길러야 한다. 진정한 성공은 내면에서 비롯되어 바깥으로 드러나는 것이기 때문이다.

서울의 비좁은 아파트에서 전세로 전전하며 지내다가 서울 근교에 전원 주택을 장만하여 이주하게 살게 된 어느 젊은 부부의 이야기이다.

자신의 집을 마련했다는 것도 큰 기쁨이지만 아내가 더욱 기뻐한 이유는 비록 작은 땅이지만 집 뒤뜰에 조그만 텃밭이 있다는 것이었다.

"우리도 이제 땅을 갖게 되었어요." 아내는 남편의 팔을 잡고 어린애처럼 기뻐하였다. 가뜩이나 수입 농산물이다, 농약 채소다 하여 시장에서 장을 보기가 불안했던 그녀는 집에서 채소만이라도 무공해로 길러 먹어야겠다고 생각했다.

남편에게 자신의 계획을 이야기했더니 남편은 약간은 걱정스런 어조로 잘 길러보라고 말했다. 아내가 도시 출신인데다, 아파트에 살 때 화분의 화초도 제대로 기르지 못했던 것을 잘 알고 있기 때문이었다.

그 부부의 새로운 이웃은 모두 잘 꾸민 텃밭을 가지고 있었다. 이웃에게서 충분한 조언을 얻은 아내는 우선 토마토를 길러보기로 했다. 다들 토마토는 쉽게 기를 수 있고 수확도 많다고 일러주었기 때문이다.

용기를 얻은 아내는 정성 들여 텃밭을 가꾸어나갔다. 출근하기 전에 한 시간을 텃밭에서 보내기 위해 일찍 일어났고, 주말에는 거의 온종일 토마토와 함께 시간을 보냈다. 곧 집에서 손수 기른 신선한 토마토와 갈아 만든 주스를 먹을 수 있을 것 같았다.

그런데 어느 날 작은 흰 벌레떼들이 토마토밭을 덮치더니 극심한 무더위와 가뭄이 계속되었다. 게다가 엎친 데 덮친 격으로 수도를 잠그지 않고 외출하는 바람에 호스에서 물이 넘쳐 토마토밭이 잠기는 사태까지 벌어지고 말았다. 토마토 줄기는 하나씩 하나씩 시들어갔고 결국 아내의 최종 수확물은 토마토 한 개가 전부가 되었다. 그녀는 우울한 심정으로 남편에게 말했다.

"이것이 우리 수확의 전부예요. 씨앗과 비료 외에도 여러 가지 것들을 투자했는데 어이없게도 이 토마토 한 개에 그 많은 시간과 돈이 든 셈이군요."

그러자 남편은 아내에게 다정한 목소리로 말했다.

"수확은 형편없지만 당신은 그 토마토 하나로 자연스럽게 이웃을 사귈 수 있었고, 헬스 클럽에 가지 않고서도 따뜻한 햇빛과 신선한 공기를 마시며 파종과 호미질로 운동을 하지 않았소. 세상은 무엇이든지 심은 대로 거두는 것이라오. 이만하면 얼마나 훌륭한 수확이오."

◯RE-BOOT YOURSELF

마음먹기에 따라 엄청난 실패로 보이는 것 속에서도 우리는 성공의 기쁨을 찾을 수 있다. 성공은 화려하고 남의 부러움을 사는 것이 아니라 자기 스스로 만족을 느끼는 것이기 때문이다. 결과에만 집착하여 실패했다고 좌절하기보다는 그 과정에서 얻은 작은 성취들에 대해 충분히 기뻐하고 소중하게 여길 줄 알아야 한다.

인생에서 성공한 사람은, 자신의 경쟁자는 남이 아니라 바로 자기 자신임을 알고 있다.

양파와 같은 시간

시간을 얻는 사람은 모든 것을 얻는다

우리의 삶에서 시간의 의미를 살피고 그 정의를 내려보는 일은 매우 중요하다. 시간의 해석이 곧 참 인생의 의미를 깨닫는 일이기도 한 까닭이다.

우리는 시간을 과거 · 현재 · 미래라는 묶음으로 해석하고 있다. 그러나 일찍이 아우구스티누스는 『고백록(告白錄)』에서 시간을 다음과 같이 정의하였다.

'원래 과거, 현재, 미래의 세 가지 시간이 있다고 하는 것은 타당하지 않다. 더욱 정확하게 말한다면 과거라는 현재, 현재라는 현재, 미래라는 현재 이 세 가지 시간이 있다고 보아야 한다. 그 이유는 우리 정신에는 이 세 가지가 함께 존재하며, 다른 어떤 곳에서도 그러한 것을 보지 못하기 때문이다. 과거라는 현재는 기억이며, 현재라는 현재는 직관이며, 미래라는 현재는 예기인 것이다.'

이 말을 잘 새기면 지금 우리는 어느 시간대에 존재하며 어느 시간에 우리가 속해 있는 현실이 이루어지고 있나를 명료하게 깨달을 수 있을 것이다. 작은 돌멩이 하나를 옮기고자 하는 의지가 실제 행동으로 구현되는 시간은 바로 지금이라는 현재의 시간인 것이다. 이것을 알고 나면 우리 삶의 모습도 더욱 뚜렷해진다.

어떤 이는 인생을 양파에 비유하기도 하였다.

양파 껍질 하나하나가 양파의 실체이듯 인생의 각 단계, 즉 우리가 과정이라고 말하는 그 순간순간이 곧 인생인 것이다. 양파 껍질을 벗기면서 다음 껍질, 다음 껍질 하다보면 양파는 없어지고 만다. 그 껍질 하나하나가 양파이기 때문이다. 이렇듯 우리가 과정이라고 말하는 시간, 즉 현재 그 자체가 우리의 구체적인 인생인 것이다. 그런데도 마치 인생이 미래라는 시간 속에 있는 듯이 오늘 최선을 다하지 않고 다음날을 기대하며 기다리기만 한다면 우리는 결국 삶의 실체를 보지 못할 것이다.

과거는 또 어떠한가. 시간이란 저축했다가 필요할 때 쓸 수 있는 재화나 물건이 아니다. 흐르는 물을 잡을 수 없듯이 한번 지나간 시간은 되돌려 다시 쓸 수 없다. 다시 말하면 우리의 과거라는 시간은 현재를 내딛는 데 있어 경험의 자료로서만 존재할 뿐이다.

시간을 금보다 귀하게 여기는 까닭이 여기에 있다.

오늘 해야 할 일을 내일로 미룰 수 없는 이유가 여기에 있다.

오늘이라는 시간, 즉 지금, 이곳에 충실하지 않으면 안 되는 이유가 이것이다.

짧은 인생은 시간의 낭비에 의해 한층 짧아진다.

시간을 얻는 사람이야말로 모든 것을 얻는다는 사실을 우리는 한시도 잊어서는 안 된다. 그것이 재화로서 축적되는 것이든 삶의 깊이를 체험하는 깨달음이든 모두 이 시간 속에 존재하기 때문이다.

◯ RE-BOOT YOURSELF

시간의 의미를 깨닫고 현재에 충실한 사람은 늘 새롭게 태어나는 신선한 자극 속에 살기 때문에 매사에 희망이라는 기대감으로 활기찬 인생을 산다. 그러나 대부분의 사람들은 흘러가 버린 과거나 오지도 않은 미래를 생각하며 금싸라기 같은 현재라는 시간을 무심히 흘려 보낸다.

우리의 마음에 일어나는 자책이나 불안감도 따지고 보면 과거나 미래를 염려하는 데서 비롯된 감정이다. 하지 않았으면 좋았을 텐데 하고 자책하는 일이나 눈앞에 닥치지도 않은 일에 대한 불안감은 모두 과거나 미래에 근거한 것이다. 현재를 내팽개친 의식의 빈자리를 그러한 불안 심리가 차지하는 것에 다름 아니다.

과거를 거울 삼아 거기서 배우는 것은 좋은 일이지만 과거에 안주하고 위안받으려 해서는 안 된다.

미래를 계획하는 것은 좋지만 미래에 대해 허황한 기대나 두려움을 가져서는 안 된다.

완전한 현재 속에 살 때 비로소 우리는 가장 평화롭고 충만한 삶을 누릴 수 있다.

메기와 미꾸라지

라이벌이 없으면 진정한 발전도 없다

양식장의 미꾸라지가 자꾸 병에 걸려 죽어 나가서 주인이 낙담해 있을 때 친구가 찾아왔다. 이야기를 들은 친구는 양식장에 메기를 몇 마리 넣어보라고 권했다. 양식장 주인이 메기를 넣으면 그나마 남아 있는 미꾸라지마저 다 잡아 먹을 것 아니냐고 말했으나 친구는 밑져야 본전이니 자기 말대로 무조건 넣어보라고 했다. 달리 뾰족한 방법도 없고 해서 양식장 주인은 친구의 말을 따르기로 했다.

메기를 넣은 지 얼마 뒤에 양식장에 가보니 뜻밖에도 이미 다 메기밥이 되어버렸을 것이라고 생각했던 양식장의 미꾸라지들이 오히려 전보다 더 힘차게 수면 위를 헤엄치고 있는 것이 아닌가.

그 뒤로 미꾸라지들이 병에 걸려 죽는 일은 거의 일어나지 않게
되었다. 또한 양식도 전보다 더 잘 되었다.

주는 먹이만 받아먹으며 평화스럽게 살던 양식장의 미꾸라지들
은 활동량이 점점 줄어 무기력해졌고, 외부 조건에 대한 저항력이
약해져 있었다. 그러다 천적인 메기가 들어오면서부터 메기에게
잡아먹히지 않으려는 생존 본능으로 인해 메기를 피해 다니다보
니 활동량이 늘어나 튼튼해졌던 것이다.

자연의 생태계에는 이른바 먹이 사슬에 의한 천적이 존재한다.
그러한 천적 관계는 자연계뿐만 아니라 우리 인간 사회 속에도 마
찬가지로 존재한다. 학창 시절에 그 앞에서는 유독 숨 한번 크게
못 쉴 정도로 무서운 선생님이 있는가 하면 친구 관계에서도 어떤
친구 앞에 서면 이상하게 주눅이 드는 경우가 있다. 프로야구를
봐도 그런 경우가 종종 있다. 가령 리그 선두를 달리고 있는 팀이
면서도 상대 팀에 따라서는 왠지 최하위의 팀에게도 쩔쩔매는 경
우가 바로 그것이다.

천적과 같은 그 사람만 없었다면 내가 지금보다도 훨씬 더 행복
하고 편안할 텐데 하고 누구나 한 번쯤 생각해봤을 것이다. 그러
나 곰곰이 생각해보면 그 천적이 있었기에 우리가 현재에 만족하
지 않고 끊임없이 변화, 발전하고자 노력하게 된 것은 아닐까? 천
적은 그야말로 하늘이 내려준 적이다. 정작 우리에게 가장 무서운
적은 천적이 아니라 바로 천적이 없음으로 해서 생기는 무사 안일
과 자기 정체이다.

천적과는 그 의미가 다르지만 '라이벌' 또한 따지고 보면 반드시 없애거나 넘어서야 할 존재가 아니라 끊임없는 자기 변신과 성장에 없어서는 안 될 소중한 동반자이다.

계속되는 불황의 여파 속에서 치열한 생존 경쟁을 벌이고 있는 우리 나라 기업 가운데 경쟁사를 도와 라이벌 기업으로 키우고 있는 한 커튼 회사가 있다.

이 회사는 국내 최초로 형상 기억 커튼을 개발하였으며 일본에 단일 품목을 연간 100억 원어치나 수출하고 있다. 이미 일본 등에서는 보편화된 커튼의 규격화와 저렴한 가격을 국내에 도입하여 전파하는 등 우리 나라에서 독보적인 위치를 차지하고 있다. 33평을 기준으로 하여 기존에 100만원대였던 커튼의 가격을 30만원대로 낮추면서도 품질은 기존 제품에 뒤떨어지지 않고 색상이나 디자인은 오히려 더욱 다양하게 만들어, 단지 자기 회사의 성공에 그치는 것이 아니라 소비자의 이익을 함께 창출한 것이다.

그런데 더 중요한 것은 이 회사가 축적된 노하우를 개방했다는 것이다. 일본의 시장 규모와 비교해볼 때, 국내에는 7,000억에 달하는 잠재 규격 커튼 시장이 있다고 한다. 이 회사는 그것을 실수요로 만들기 위해서는 커튼 시장 자체를 규격화하는 것이 우선이라는 생각으로 경쟁사에서 문의해오면 거의 모든 노하우를 제공한다고 한다. 다른 회사들은 경쟁자이기 이전에 커튼의 기성화를 함께 이룩할 동반자이기 때문이다. 7,000억의 커튼 시장을 조성하려면 자기 회사만으로는 불가능하며 라이벌들이 성공해야 가능하다고 판단한 것이다.

◯ RE-BOOT YOURSELF

라이벌이나 천적을 미워하거나 두려운 존재로 인식하기보다 그들을 친구나 스승으로 삼아 자기 발전의 계기로 삼는 지혜가 필요한 때이다. 지금 우리 나라가 겪고 있는 경제 위기는 기업의 경쟁력을 더욱 강화시킬 수 있는 기회로 볼 수 있다.

경쟁력이 없는 국영 기업체를 과감하게 정리하고, 공무원 업무를 일반 기업에게 위탁하여 세계 최악의 행정력에서 세계 최고의 행정력을 갖추게 된 영국의 예를 보더라도 침체된 사회에는 메기와 같은 천적과의 갈등이 오히려 약이 된다는 사실을 알 수 있다.